"十二五"职业教育国家规划教材

经全国职业教育教材审定委员会审定

Chengshi Guidao Jiaotong Chezhan Shebei

城市轨道交通车站设备

曲秋莳 许 波 主 编

赵静秋 主 审

人民交通出版社股份有限公司

China Communications Press Co.,Ltd.

内容提要

本书为"十二五"职业教育国家规划教材,主要内容包括:走进地铁车站,电梯、自动扶梯及无障碍设施,站台门安全系统,低压配电与照明系统,车站给排水系统,车站暖通空调与环控系统,车站消防系统,乘客信息与广播系统。

本书可供高职、中职院校城市轨道交通专业及相关专业教学选用,亦可供行业相关培训、岗前培训使用。

* 本书配有多媒体助教课件,任课教师可通过加入职教轨道教学研讨群(QQ 群:129327355)索取。

图书在版编目(CIP)数据

城市轨道交通车站设备 / 曲秋莳,许波主编. —北京:人民交通出版社股份有限公司,2016.5

"十二五"职业教育国家规划教材

ISBN 978-7-114-12793-9

Ⅰ.①城⋯ Ⅱ.①曲⋯②许⋯ Ⅲ.①城市铁路 – 车站设备 – 职业教育 – 教材 Ⅳ.①U239.5

中国版本图书馆 CIP 数据核字(2016)第 022756 号

"十二五"职业教育国家规划教材

书　　名:	城市轨道交通车站设备
著　作　者:	曲秋莳　许 波
责任编辑:	袁　方
出版发行:	人民交通出版社股份有限公司
地　　址:	(100011)北京市朝阳区安定门外外馆斜街 3 号
网　　址:	http://www.ccpress.com.cn
销售电话:	(010)59757973
总 经 销:	人民交通出版社股份有限公司发行部
经　　销:	各地新华书店
印　　刷:	北京鑫正大印刷有限公司
开　　本:	787×1092　1/16
印　　张:	10.75
字　　数:	251 千
版　　次:	2016 年 5 月　第 1 版
印　　次:	2020 年 12 月　第 8 次印刷
书　　号:	ISBN 978-7-114-12793-9
定　　价:	32.00 元

(有印刷、装订质量问题的图书由本公司负责调换)

根据教育部相关教学标准,本书编写人员在认真学习领会有关文件的基础上,结合当前职业教育发展和城市轨道交通行业发展的实际情况,编写了本书。

本书的主要特色有:

1. 在编写过程中,突破以往教科书的编写模式,内容上注重理论与实际操作相结合。

2. 为了突出其实用性,我们在仔细分析企业岗位技能方面的具体要求的前提下进行了任务设置,在注重教材教学目标的基础上,强调以学生为中心,突出职业教育培训的特点。

3. 以全国目前最先进、最典型的案例来介绍本书知识点,并配有大量的实物图片,以便于学生能更感性地认知。

4. 为方便教学,每个项目结束后学生可通过实训练习及复习思考题进行自我考核,从而及时检查学习效果。

5. 本书编写全程体现了"工学结合、校企合作"的理念,由行业专家、学者全面参与编审。

6. 课程内容以企业的主要工作内容展开。本书主要面向运营专业学生、机电专业的初学者与城市轨道交通相关工作人员和兴趣爱好者。在内容上为了与企业更贴近,体现职业教育的特点,因此调研和参照了相关企业的工作流程。

在编写过程中,我们发现不同城市之间的一些管理制度与具体的处理流程略有不同,设备的类型也有差异。面对这样的问题,本书为了求同存异,以让学生学到知识为出发点,选择最具有代表性的设备与管理办法展开描述。在此,也提醒读者与老师注意,在学习的过程中,可以适当补充您所在城市的相关内容,以增强知识的针对性。

本书由北京交通职业技术学院曲秋莳、黑龙江第二技师学院许波担任主编,北京市地铁运营有限公司机电分公司赵静秋担任主审。具体编写分工如下:项目一由曲秋莳、云南交通职业技术学院庄文君、北京交通运输职业学院吴晓华共同编写;项目二与项目七由黑龙江第二技师学院许波编写;项目六与项目八由北京市商业学校闫亚娜编写;项目四与项目五由北京交通运输职业学院朱晓晨、张磊编写;项目三由北京交通运输职业学院曲秋莳、彭燕民、王辉编写。全书由曲秋莳统稿。

由于我们水平有限,时间仓促,书中谬误及疏漏之处在所难免,敬请读者给予批评指正。

编　者
2016 年 3 月

目录 MULU

项目一　走进地铁车站 ··· 1
　任务一　走进地铁车站 ··· 1
　任务二　暗访服务中的车站设备 ··· 5
项目二　电梯、自动扶梯及无障碍设施 ··· 7
　任务一　自动扶梯系统认知与日常检查 ··· 8
　任务二　电梯与楼梯升降机系统认知与日常检查 ································· 15
　任务三　自动扶梯及无障碍设施的基本操作 ······································· 21
　任务四　自动扶梯、电梯及楼梯升降机的故障异常处置 ····················· 28
　复习思考题 ··· 32
项目三　站台安全门系统 ··· 33
　任务一　站台安全门预备知识学习 ··· 33
　任务二　站台安全门的检查与操作 ··· 44
　任务三　非正常情况下的控制系统操作 ··· 47
　任务四　站台安全门常见故障的应急处理 ··· 49
　复习思考题 ··· 53
项目四　低压配电与照明系统 ··· 55
　任务一　低压配电系统的认知 ··· 55
　任务二　照明系统认识与日常检查 ··· 65
　任务三　低压配电与照明系统的操作与巡检 ····································· 68
　任务四　突发情况下的照明系统应急处理 ··· 70
　复习思考题 ··· 73
项目五　车站给排水系统 ··· 74
　任务一　车站给排水系统认知 ··· 74
　任务二　给排水系统设备认知 ··· 79
　任务三　给排水系统的基本操作 ··· 80

任务四　给排水系统的应急处理 …………………………………………… 81
　　复习思考题 …………………………………………………………………… 81
项目六　车站暖通空调与环控系统 ………………………………………………… 82
　　任务一　暖通空调系统认识 …………………………………………………… 82
　　任务二　环境与设备监控系统认识 …………………………………………… 91
　　任务三　环境与设备监控系统监视界面下的日常检查 ……………………… 96
　　任务四　环境与设备监控系统的基本操作 ………………………………… 101
　　复习思考题 ………………………………………………………………… 112
项目七　车站消防系统 ……………………………………………………………… 114
　　任务一　车站消防系统认知 ………………………………………………… 114
　　任务二　消防系统日常检查 ………………………………………………… 134
　　任务三　消防设备日常操作 ………………………………………………… 142
　　任务四　消防系统应急处置 ………………………………………………… 148
　　复习思考题 ………………………………………………………………… 153
项目八　乘客信息与广播系统 …………………………………………………… 154
　　任务一　预备知识 …………………………………………………………… 154
　　任务二　乘客信息系统 ……………………………………………………… 160
　　复习思考题 ………………………………………………………………… 163
参考文献 …………………………………………………………………………… 164

项目一 走进地铁车站

【教学目标】

1. 了解地铁车站的作用、分类和组成；
2. 了解地铁车站的主要设备。

【建议学时】

2 学时

【知识体系与任务关系图】

```
知识层面                                              技能层面

地铁车站的分类与                                    车站区域的辨识
功能                                              (100%的学生掌握)

                         地铁车站认知
地铁车站结构      →→→    与车站设备整体   ←←←    车站设备的作用
                         认知                      (80%的学生掌握)

地铁车站主要设备与                                  车站设备特点
作用                                              (70%的学生掌握)
```

任务一 走进地铁车站

地铁车站是城市轨道交通路网中重要的组成部分，它是供乘客上下车、换乘和候车的场所，也是列车到发、通过、折返、临时停车的地点；一些车站还具有购物、集散和作为城市景观等功能。车站需具有良好的照明、通风、防火设施，给乘客提供一个安全、方便、舒适的环境。

如图 1-1 所示，为北京地铁 2 号线的车站立体图，图中将车站提供乘客服务的各个区域均明确地体现出来。

一、地铁车站的分类

1. 按照车站的位置分类

按照车站的位置，可将地铁车站分为地下站、地面站和高架车站。这些车站虽然略有不同,但是具备的功能和区域基本相同。如图1-2所示,相关资源见二维码1。

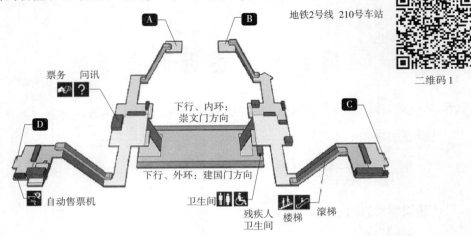

图1-1 地铁车站立体图

a)地下车站

b)地面车站

c)高架车站

图1-2 按照车站的位置分类

2. 按照车站的运营功能分类

按照车站的运营功能,可将地铁车站分为终点站、中间站、换乘站等。如图1-3所示。

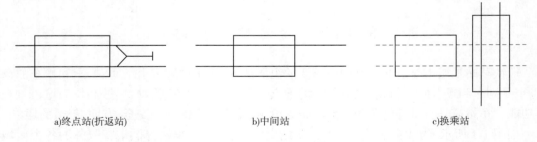

图1-3 按照车站的运营功能分类

(1)终点站:指线路两端或列车交路两端的车站,除供乘客上下车外,通常还具有列车折返、停留或临时检修等运营功能。

(2)中间站:指行车线路两终端站之间的沿途车站,其主要作用就是供乘客上下车。但有些中间站还设有折返线、渡线、存车线等。

(3)换乘站:设在不同线路的交汇地点,除供乘客上下车外,还供乘客由一条线路的列车换乘到另一条线路的列车上去。其最大的特点是节省了乘客出站、进站及排队购票的时间,为乘客换乘提供了方便。

思考:车站类型各异,功能各异。从图1-1中,可以看出部分车站的整体结构,那么,车站就只有我们在图中看到的区域吗?

二、地铁车站的组成

地铁车站由车站主体、车站出入口及通道、通风道及地面通风亭三大部分组成。整体布局如图1-4所示。

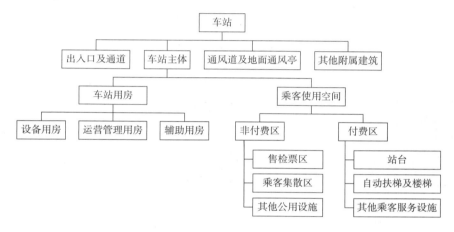

图1-4 地铁车站整体布局结构框架图

1. 车站主体

车站主体是列车在线路上的停车点,其作用既是供乘客集散、候车、换乘车及上下车之处,又是地铁运营设备设置的中心和办理运营业务的地方。它由站台、站厅、设备用房、管理用房和生活用房等组成。

(1)车站站台由乘降平台、楼梯(自动扶梯)、安全门、管理用房、行车道等组成,是供乘客上、下列车及候车的场所。站台的大小取决于远期预测的高峰小时客流量。站台有效长度即站台计算长度,其量值为运期列车编组有效使用长度加上停车误差(我国地铁设计规范中规定为1~2m)。

(2)车站站厅是换乘列车的中转层,其主要作用是集散客流,为乘客提供售、检票等服务。因此,站厅内需要设置售检票、问询等为乘客提供服务的设施。站厅层一般分为付费区和非付费区。站厅层内设有地铁运营设备用房、管理用房等,根据客流的大小,在不影响客流集散的同时还可以设置商业用房。相关资源见二维码2。

地铁站厅的作用是将由出入口进入的乘客迅速地、安全地、方便地引导到站台乘车,或将下车的乘客同样引导至出入口出站。

(3)设备用房主要是安置各类设备、进行日常维修及保养设备的场所。主

二维码2

要包括:环控室、变电所、综合控制室、通信设备室、信号设备室、通信测试房、消防泵房、配电等设备的用房。

（4）管理用房是车站工作人员的办公房。它包括车站控制室、站长室、票务室、值班室及警务室等。

（5）生活用房是车站工作人员的日常生活用房。包括更衣室、休息室、茶水间、厕所等。一般设计时,只考虑给工作人员使用,容量较小,故不对外开放。

将上述区域平铺,如图1-5所示,从左侧分别为车站站厅的非付费区、付费区以及其他未对乘客开放的设备用房与管理用房区域。以地下车站为例,站厅层的两端均有大量设备用房服务于整个车站的运营。相关资源见二维码3～二维码5。

二维码3　　二维码4　　二维码5

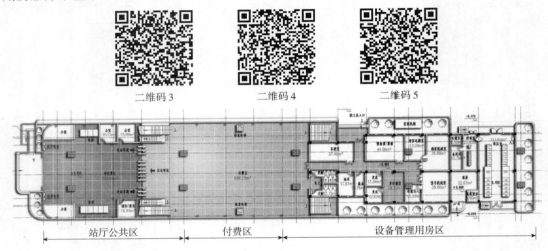

图1-5　地铁车站布局图

2. 车站出入口及通道

车站出入口及通道是车站的门户。其主要作用是集散客流,供乘客换乘其他交通或有轨交通之间的换乘之用。也有些出入口及通道,还兼有行人过街的作用。为方便乘客及疏散客流,一个车站设有多个出入口,一般不少于两个。

出入口通道可分为地道式和天桥式。通道宽度尺寸根据客流量计算确定,净高一般为2.6m。地下车站宜采用地道式出入口通道,高架车站多采用天桥式出入口通道。

3. 通风道及地面通风亭

地下车站需设置环控系统,地面车站和高架车站都修建在地面以上,原则上采用自然通风。地下车站一般设1～2个通风道;区间隧道中部设区间隧道通风道。

地面通风亭是地铁隧道、车站通风及设备维修的地面出口。通常通风口高于地面2m,进风口与排风口水平距离大于5m,合建时排风口高于进风口5m。地面通风亭在设计时可与地面开发建筑合建,淡化风井;独建时,可结合地面绿化及城市建筑塑造城市景观。

📣 **小提示**:表面寻常的地铁车站,其内部却集合了各种各样的设备,各自分布在车站不为人知的角落,时时为地铁车站的正常运营提供保障,为乘客乘降的舒适环境提供支持。下面,就让我们从这本书开始,走进神秘的地铁车站。

任务二　暗访服务中的车站设备

小练习:请每个同学参照图1-1,回忆你最近一次进入的地铁车站。从进门开始,分别有哪些默默为你服务的车站设备?

按照乘车的顺序,我们一般会经历如图1-6的过程。

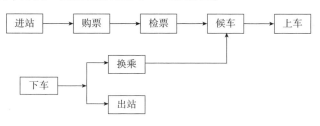

图1-6　进站流程图

当进站时,我们遇到的车站设备依次为:

1. 电梯、自动扶梯与其他无障碍设施

电梯等相关设备是源于考虑到乘客的舒适性和疏散的速度而设置的。近年来由于电梯出现故障较多,越发受到重视。国家规定:越层超过6m的空间必须要安装自动扶梯。

2. 低压配电与照明系统

照明系统给予光明,保证安全与舒适。低压配电是照明的电力源头,也是其他机电设备的源头。

思考:同学家和教室中是否有低压配电设备?

3. 自动售检票系统

自动售检票系统用于实现售票和检票等功能,也将车站的公共区域严格分为付费区与非付费区。

4. 安全门系统

为了乘车,我们会来到车站站台层;在站台层的两侧,一般会设置有保障乘客安全的玻璃幕门,又称为安全门系统。

5. 暖通空调系统

炎热的夏天,本是闷热难耐的地铁车站却异常凉快,并且空气清新。这就是暖通空调系统的作用。

6. 给排水系统

车站是乘客的乘车区域,卫生间、空调、日常工作人员用水均离不开给排水系统。

7. 环境与设备监控系统

环境与设备监控系统是普通乘客无法看到的系统。它隐藏在每个机电设备内,像一根根神经一样,将所有的车站设备有机地联系在一起。设备正常运行和任何异常都受到它的监视,无法逃离它的掌控。

8. 消防报警系统

当发生异常情况时,在车站里的灭火器等相关设备就到了发挥其功能的时刻。

9. 乘客信息与广播系统

乘客信息与广播系统能即时发布行车行信息,有效疏导高峰时段的客流。

以上系统就组成了车站中的主要机电设备。这些设备均在用自己的方式保证车站的正常运营。后续项目,将对以上系统进行全面的介绍与解读。

 社会实践

到地铁车站中参观并对你感兴趣的车站设备拍照,并进行展示。

项目二　电梯、自动扶梯及无障碍设施

【教学目标】

1. 理解自动扶梯的构造和原理；
2. 熟悉地铁自动扶梯的控制方式；
3. 了解自动扶梯的日常巡检内容；
4. 理解电梯的基本结构和原理；
5. 了解垂直电梯的日常巡检内容；
6. 掌握自动扶梯的操作方法；
7. 熟练掌握电梯的操作要领；
8. 掌握电梯发生故障时的救援方法；
9. 能按规定对不同的电梯事故、故障进行处理。

【建议学时】

10 学时

【知识体系与任务关系图】

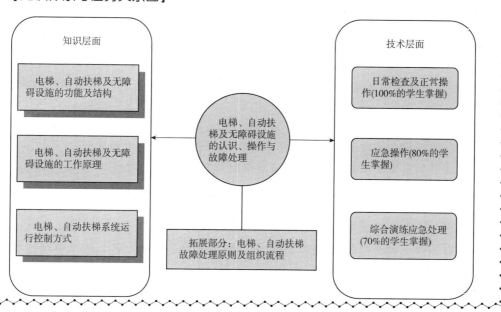

思考：乘客如何进出地铁车站？你见过何种形式的辅助乘客进出站设备？它们的设

置位置在哪里?

电梯、自动扶梯系统是城市轨道交通系统的一个重要组成部分,每天担负着运送大量乘客的任务。电梯、自动扶梯系统作为地铁车站内疏散乘客的重要工具,对客流的及时疏散和满足乘客对乘降舒适度的要求起到了至关重要的作用。电梯、自动扶梯系统由电梯、自动扶梯及楼梯升降机组成。车站应根据预期客流量及提升高度配备足够数量的上、下行自动扶梯,以保证车站的正常运作。自动扶梯配置原则如表2-1所示。为保证残疾人乘客或其他行动不便者(如携带大型行李人员)的正常出行,车站内还应设置电梯、楼梯升降机,以满足特殊人群的需要。

自动扶梯配置原则　　　　　　　　　　　表2-1

提升高度(m)	上行	下行	备用
$H \leq 6$	自动扶梯	—	—
$6 < H \leq 12$	自动扶梯	△	—
$12 < H \leq 19$	自动扶梯	自动扶梯	△
$H > 19$	自动扶梯	自动扶梯	自动扶梯

注:△表示重要的车站也可设置自动扶梯。

电梯是以电动机为动力的垂直升降机,装有箱状吊舱,用于多层建筑乘人或载运货物。自动扶梯是以台阶式踏步板装在履带上连续运行,主要设置于站厅与站台间/出入口与站厅间。楼梯升降机是设置于出入口与站厅间,方便行动不便的乘客乘坐的电梯。电梯、自动扶梯系统属于特种设备,直接面对乘客,在地铁车站是搭乘地铁的乘客经常使用的交通工具,设备的安全可靠性是最重要的。

知识链接

电梯、自动扶梯系统要与地铁车站其他相关设备协同配合。电梯、自动扶梯系统的相关接口有:

(1)与车站设备监控系统(BAS)的接口。BAS监测电梯、自动扶梯系统的运行状态,但不进行控制。

(2)与通信系统的接口。

①电梯轿厢内安装求救电话或可与车站综控室通话的紧急对讲装置。

②电梯轿厢内安装了监视摄像头,可在车站综控室或OCC进行视频观察。

③楼梯升降机具有连接到对讲主机和各个分机的视频对讲系统。

(3)与消防系统(FAS)的接口。

①电梯。在火警情况下,可控制所有电梯自动返回基站。

②自动扶梯。当检测到火警信号后,可根据视频监视系统,监视此时扶梯是否载有乘客;当扶梯上无乘客时,通过急停开关发出停车指令,扶梯接到指令即停梯。

任务一　自动扶梯系统认知与日常检查

自动扶梯是带有循环运动梯路向上或向下倾斜输送乘客的固定电力驱动设备。在城市轨道交通车站中,自动扶梯的用途主要是解决乘客的快速疏散,即列车到达后,大量的乘客从候车站台向地面站厅疏散。由于车站的候车站台一般离开地面5~7m(浅埋式),甚至7~10m(深埋式),乘客的上下多依赖于楼梯,而自动扶梯则提供了一种自动输送乘客的功能,满足乘客对乘降舒适度的要求。车站配有多部自动扶梯时,其布置排列方式有平行排列、连续交叉排列、连贯排列和"X"小交叉排列四种。

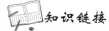知识链接

在城市轨道交通车站中,楼梯是最常用的一种竖向升降设施。在客流量不大的车站,当升降高度差在8m以内时,一般采用楼梯;大于8m时,考虑乘客因高差较大,行走费力,上升宜增设自动扶梯。

(1)地铁车站自动扶梯与楼梯的一般设置原则及标准

①设计标准:一般采用26°34′角度设置,用于乘客进出站厅。

②设置原则如下:

a. 一般站出入口:一部步行楼梯+一部自动扶梯。正常运营状态下,扶梯为上行,出站乘客首选扶梯;楼梯为下行,进站乘客选择步行楼梯。

b. 特殊站和一级站出入口:一部步行楼梯+两部自动扶梯。正常运营状态下,自动扶梯分为上行和下行,进、出站乘客首选扶梯,当自动扶梯不能满足疏散要求时,进、出站乘客选择步行楼梯。

(2)楼梯布置的有关规定

①楼梯与检票口在同一方向布置时,楼梯进口距检票口的净距宜不小于6m。

②楼梯与自动扶梯并列布置时,其相互之间的位置无规定,一般采取将楼梯下踏步最后一级与自动扶梯下工作点取平。

(3)自动扶梯布置的有关规定

①自动扶梯相对布置时,两自动扶梯工作点间距离不小于20m。

②自动扶梯工作点至墙的距离,在站台层不小于8.5m;在出入口处不小于6m。

③自动扶梯与楼梯相对布置时,其间的距离不宜小于15m。

④自动扶梯工作点至检票口的距离不宜小于10m。

⑤分段设自动扶梯时,两段之间距离不应小于8.5m。

(4)楼梯与自动扶梯

当车站出入口的提升高度超过6m时,宜设上行自动扶梯;超过12m时,除设上行自动扶梯外,并宜设下行自动扶梯。

楼梯和自动扶梯在交叉错位处要注意其夹角的处理,避免乘客夹伤。

出入口在道路旁平行道路设置时,应当考虑楼、扶梯的起坡停顿时间,因为在楼、扶梯的起坡点处,行人会有适当的停留,扶梯应设置在远离道路的一侧,减少楼、扶梯处的拥堵。

一、自动扶梯的分类

自动扶梯如图2-1所示。

图 2-1 自动扶梯

按照驱动装置位置的不同,自动扶扶梯可分为端部驱动自动扶梯和中间驱动自动扶梯。

1. 端部驱动自动扶梯

端部驱动自动扶梯的驱动装置位于自动扶梯的头部,并以链条为牵引构件。

2. 中间驱动自动扶梯

中间驱动自动扶梯的驱动装置位于扶梯中部,它是以齿条为牵引构件的自动扶梯。

一台自动扶梯可以装多组驱动装置,也称多级驱动组合式自动扶梯。运行时,电动机通过减速器将动力传递给两侧传动链条,每侧的传动链条之间铰接一系列的轮轴,轮轴与牵引齿条的牙齿啮合,驱使自动扶梯运行。

常见的自动扶梯分类见表 2-2。

自动扶梯的分类　　　　　　　　　表 2-2

序号	特　　征	分 类 名 称
1	按驱动装置的位置分类	端部驱动自动扶梯 中间驱动自动扶梯
2	按扶手外观分类	全透明扶手自动扶梯 半透明扶手自动扶梯 不透明扶手自动扶梯
3	按扶梯线形分类	直线形自动扶梯 螺旋形自动扶梯
4	按使用条件分类	普通型自动扶梯 公共交通型自动扶梯
5	按提升高度分类	小提升高度(最大至8m)扶梯 中提升高度(最大至25m)扶梯 大提升高度(最大可达65m)扶梯
6	按运行速度分类	恒速扶梯 可调速扶梯

二、自动扶梯的基本构造

自动扶梯的整体结构主要由支撑部分、驱动系统、运载系统、扶手系统、电器控制系统和安全保护系统组成。如图 2-2 所示。

1. 支撑部分

桁架是整台自动扶梯的构架,是自动扶梯其他构件的载体。按照扶梯的设计至少分为三段,根据提升高度的不同,桁架需要再分段,如图 2-3 所示。此外由于每个地铁车站结构的埋深不一样,所以自动扶梯的提升高度也会不一样;特别是在一些换乘站,提升高度更大,所以还要求有额外的土建支撑结构,即中间支撑。

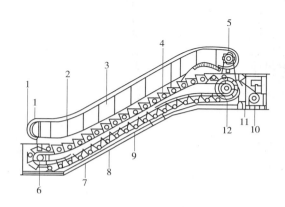

图 2-2 自动扶梯结构图

1-扶手传动滚轮;2-扶手带;3-栏板;4-梯级;5-扶手驱动轮;6-从动张紧轮;7-金属构架;8-导轨;9-牵引链条;10-驱动装置;11-机房盖板;12-梯级牵引轮

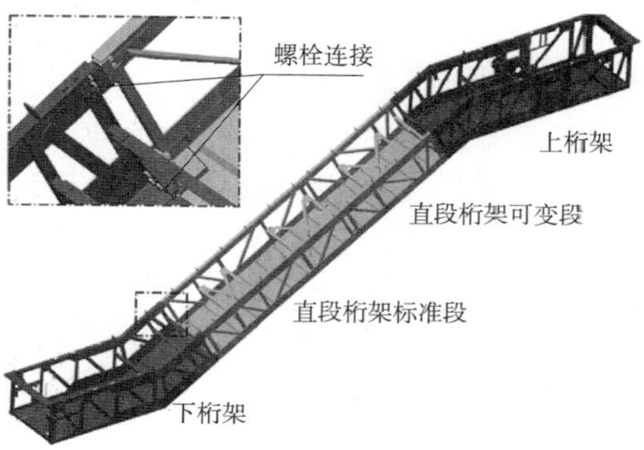

图 2-3 自动扶梯桁架结构

2. 驱动系统

驱动系统由驱动主机、主驱动轴、主驱动链、扶手带驱动链、扶手带驱动轴、工作制动器、辅助制动器等组成。它是自动扶梯的核心系统。驱动主机,如图 2-4 所示。

3. 运载系统

运载系统由梯级、梯级链、导轨、地板和梳齿板等组成,其功能是运送乘客。梯级链将主机的动力传递给梯级,使梯级沿着导轨运动,如图 2-5 所示。梯级是直接与乘客接触的运动部件,它是一种特殊结构形式的四轮小车,有两只主轮和两只辅轮,主轮的轮轴与牵引链条铰接在一起,而辅轮的轮轴则不与牵引链条链接,如图 2-6 所示。梳齿板位于两端出入口处,是方便乘客的过渡并与梯级、踏板或胶带啮合的部件。

图 2-4 驱动主机

图2-5　梯级　　　　　　　　　图2-6　梯级链

4. 扶手系统

扶手系统主要由扶手带、扶手带驱动装置等组成。

扶手系统主要是乘客乘坐扶梯时扶手用,同时起到护栏的作用。扶手带是供乘客扶手的运动部件,扶手带的速度一般比梯级的速度稍快(0~2%)。

5. 电器控制系统

电器控制系统实现对扶梯的运行控制,主要由控制柜、控制按钮、电器元件等组成。控制柜,如图2-7所示。

6. 安全保护系统

安全保护系统的作用是当自动扶梯处于不安全状态时,安全装置使其自动停止。

自动扶梯是直接面对乘客的设备,直接关系到乘客的安全,所以必须设置各种安全开关。安全装置最常见的有主驱动链破断保护、扶手带入口保护、梯级链安全保护、梳齿板安全保护、防逆转保护、急停按钮等,如图2-8所示。

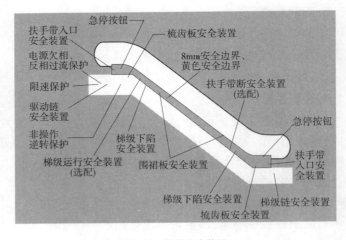

图2-7　控制柜　　　　　　　　图2-8　扶梯安全装置

(1)附加制动器:不论扶梯的提升高度为多少,都应有附加制动器。其结构应保证在单独制动扶梯时,重载下行的扶梯能可靠制停;上行的扶梯在制停前不会出现倒转。

(2)超速保护装置:从安全的角度出发,我们考虑应配置超速保护装置。在扶梯超速至1.2倍时,使工作制动器动作;当扶梯超速至1.4倍时,使附加制动器动作。其目的是防止扶梯在发生驱动链断裂、电动机损坏等情况时超速下滑。

(3)意外逆转保护:从安全的角度出发,我们考虑应配置意外逆转保护装置。在扶梯速度降低至额定速度的20%时,使工作制动器动作;当扶梯一旦出现逆转方向运行时,在速度为0前,使附加制动器动作。

即使扶手带的破断力大于25000N,也应配置安全保护装置,当扶手带发生破断时使扶梯停止运行。

(4)扶手带速度检测装置:对重载公交扶梯,由于客流大、速度快、提升高度大,配置扶手带速度检测装置,以控制扶手带的速度偏差是十分必要的。当扶手带速度超出允许偏差2%时,应发出报警信号;超出至设定值时(可设定为-5%~+5%,并持续5s以上时),停止扶梯运行。

(5)裙板安全保护:由于裙板与梯级间存在缝隙,必须防止人的脚或裤子被夹入缝隙。虽然在裙板后面安装有裙板开关,但这个开关只是安装在扶梯上下转弯处,当两对开关之间的距离超过10m时,才在倾斜段加装一对。但开关只能保护有限的位置,一旦在远离开关的地方被夹,开关就起不到保护作用。因此,必须在裙板上安装毛刷等作防护,防止乘客无意接触裙板。

三、自动扶梯的规格

自动扶梯的规格,如表2-3所示。

自动扶梯的规格　　　　　　表2-3

项目	输送能力(人/h)	运行速度(m/s)	提升高度 H (m)	梯级宽度 W (mm)	倾斜角度	装饰板质量	排列方式
规格	6000~9000	0.50~0.75	3~8	800~1200	30°~35°	全透明,有、无支撑	平行或交叉

四、自动扶梯的原理

一系列的梯级与两根牵引链条连接在一起,在沿一定方向布置的导轨上运行即形成自动扶梯的梯路。牵引链条绕过上牵引链轮、下张紧装置并通过上、下分支的若干直线、曲线区段构成闭合环路。这一环路的上分支中的各个梯级(也就是梯路)应严格保持水平,以供乘客站立。上牵引链轮(也就是主轴)通过减速器等与电动机相连以获得动力。扶梯两旁装有与梯路同步运行的扶手装置,以供乘客扶手之用。扶手装置同样由上述电动机驱动。为了保证自动扶梯乘客的绝对安全,要求装设多种安全装置。

自动扶梯与升降电梯相比有以下优、缺点:

(1)优点:
①生产率即输送能力大;
②人流均匀,能连续运送人员;
③自动扶梯可以逆转,即能向上和向下运转;
④当停电或重要零件损坏需要停用时,可作普通扶梯使用。

（2）缺点：
①自动扶梯结构有水平区段，有附加的能量损失；
②提升高度较大的自动扶梯，人员在其上停留时间太长，容易出现安全事故；
③造价较高。

五、自动扶梯的控制方式

1. 正常情况下自动扶梯就地控制方式

自动扶梯一般采用就地控制方式，在上下梯头的位置用设置钥匙开关直接启动和停止自动扶梯，同时还设有正常运行和节能运行两种模式可供选择。正常运行模式是指自动扶梯以额定的速度恒定运行；节能运行模式是指自动扶梯在无人时以低速运行，达到节能的功能。

自动扶梯还有一种维修模式，是在自动扶梯进行正常维修保养时的低速运行模式，一般通过插接专门的维修控制盒进行人工控制。

2. 紧急情况下自动扶梯运行方式

紧急情况下，一般通过安装在车站综控室的远程紧急停止按钮来控制自动扶梯，对所有出入口的自动扶梯设置一个紧急停止按钮，在紧急情况下将所有出入口扶梯停止。对于站内的自动扶梯，每台自动扶梯设置一个紧急停止按钮，根据需要停止相应的自动扶梯，一般上行的自动扶梯保持上行，下行的自动扶梯停止，同时根据需要将停止的下行自动扶梯开上行。

3. 远程操作模式

在车站及控制中心控制自动扶梯的运营，这种控制模式要求比较严格，一般很少采用。在国家规范中要求，一般自动扶梯的启动和停机需保证扶梯上方无任何人或物，如需采用这种模式，可以在扶梯周边加装摄像头，监视整个扶梯的情况，实现远程控制。相关资源见二维码6。

六、日常检查

自动扶梯的日常巡检内容，如表2-4所示。

自动扶梯的日常巡检内容　　　　　　　　表2-4

序号	项　目	检　验　标　准
1	运行开关	开关是否完好□；功能是否正常□
2	急停按钮	开关是否完好□；功能是否正常□
3	运行显示	显示器外观是否完好□；显示功能是否正常□；有无故障代码□
4	梯级	梯级运行是否正常□；有无异常噪声□；边缘黄色带外观是否完好□；梯级上空2.3m以内有无障碍物□
5	扶手带	扶手带外观是否完好□；运行是否正常□；有无异常温升□；有无异常噪声□；如果有扶手带照明，扶手带照明是否正常□
6	梳齿板	梳齿外观是否完好□；梳齿板固定是否完好□；运行时与梯级有无刮碰□

续上表

序号	项目	检验标准
7	围裙板	围裙板外观是否完好□；固定是否完好□；有无异常噪声□；毛刷是否完好□
8	内外盖板	内外盖板外观是否完好□；固定是否完好□
9	壁板	壁板外观是否完好□
10	上下盖板	上下盖板外观是否完好□；盖板的铺设是否符合要求□；盖板上空2.3m以内有无障碍物□；盖板处有无异常噪声（盖板下面曳引机等设备）传导□
11	出入口	出入口外有无障碍物□；出入口保护开关是否完好□；开关功能是否正常□
12	光栅	光栅外观是否完好、清洁□；功能是否正常□
13	运行状态	运行是否正常□；噪声是否符合要求□；是否无静电□
14	标识、标志	各警示标识、标志是否完好□

任务二　电梯与楼梯升降机系统认知与日常检查

一、电梯

根据无障碍设计要求，在车站站厅层至站台层之间宜设垂直电梯，以方便残疾人乘客及携带重行李乘客的通行。如图2-9所示。

图2-9　电梯

1. 电梯的分类

电梯主要分为液压电梯和无机房电梯。它们的主要区别在于其传动系统不同。

（1）液压电梯

液压电梯靠液压传动，采用柱塞侧置式方式，其油缸设置在轿厢侧面，借助曳引绳通过滑轮组与轿厢连接，利用电动泵驱动液体流动，由柱塞使轿厢升降。其运行全程通过先进的电控和液控集成技术得以可靠、准确的实现。液压电梯的传动系统主要由液压泵站、阀组、管路、油温过热保护组成。

（2）无机房电梯

传统的电梯都是有机房的，主机、控制屏等放置在机房。无机房电梯是相对于有机房电梯而言的，是在不设机房的条件下，将轿厢、对重、驱动主机、控制柜、限速器等关键部件布置在一般电梯井道内。一般城市轨道交通的车站采用的都是无机房电梯。

电梯的基本结构，如图2-10所示。无机房电梯主要由轿厢、门系统、导轨、对重装置、牵引装置、牵引设备、控制柜及各种安全装置等组成。

①轿厢：由轿厢架和轿厢体组成。为保证残疾人的乘坐，电梯轿门两侧各设1个操纵箱，分主副控制箱。地铁环境中的电梯一般主要是满足无障碍通行的要求，所以其设计有一定的特殊性，要求有副操纵箱，副操纵箱离地高度较低，供坐轮椅者使用，操纵箱上设有的各种按钮，均适应残疾人使用（包括轮椅和盲人，盲文应符合相关规定）。

②门系统：由轿厢门、层门、开门机、门锁等组成，客梯通常采用中分式开门。

③导轨：是电梯轿厢和对重装置运行的轨迹。电梯运行的好坏主要取决于导轨的安装质量。导轨分为轿厢导轨和对重块导轨。

④对重装置：分对重与重量平衡装置，当电梯底坑下如果人能到达，对重侧必须增加对重安全钳。

⑤控制系统：它通过电梯的厅门外召和轿厢内召等按钮，将指令传递给电动机、门机，实现电梯的运行和停层功能。

当前无机房电梯的主要布置方案。有上置式和下置式两种。上置式，将永磁同步曳引机放置在井道顶部，曳引比为2:1，绕法较复杂；下置式，将永磁同步曳引机放置在井道底部，曳引比为2:1，绕法较复杂。

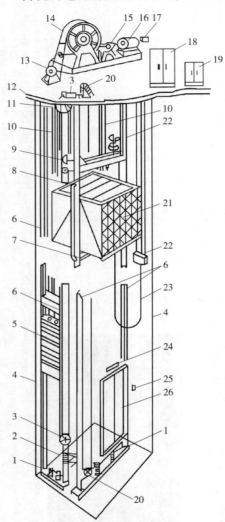

图2-10 电梯的基本结构

1-缓冲器；2、9-限位开关（包括向上限位、向下限位）；3-极限开关（包括转紧绳轮、传动绳索）；4-电梯井道；5-对重装置；6-导轨；7-安全钳及开关；8-限位器挡块；10-牵引钢丝绳；11-导向轮；12-顶层地坪；13-楼层指示器；14-曳引机；15-制动器；16-主传动电动机；17-球形速度开关；18-控制屏；19-选层器；20-限速器（包括转紧绳轮、传动绳轮）；21-轿厢；22-接线盒及线管；23-供电电缆；24-厅外指示灯；25-召唤灯；26-厅门

2. 电梯曳引原理

曳引式电梯的曳引传动关系，如图2-11所示。安装在机房的电动机通过减速器、制动器等组成的曳引机，使曳引钢丝绳通过曳引轮，一端连接轿厢，另一端连接对重装置，轿厢与对重装置的重力使曳

引钢丝绳压紧在曳引轮绳槽内产生摩擦力,这样电动机一转动就带动曳引轮转动,驱动钢丝绳拖动轿厢和对重做相对运动。于是,轿厢就在井道中沿导轨上、下往复运动,电梯就能执行垂直升降任务,如图2-12所示。

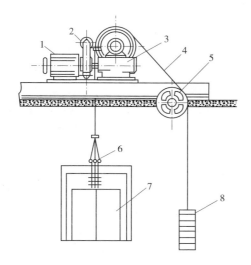
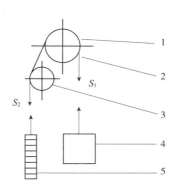

图2-11 曳引式电梯的曳引传动关系
1-电动机;2-制动器;3-减速器;4-曳引绳;5-导向轮;
6-绳头组合;7-轿厢;8-对重装置

图2-12 电梯曳引原理
1-曳引轮;2-曳引钢丝绳;3-导向轮;
4-轿厢;5-对重装置

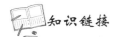知识链接

(1)曳引式电梯的原理

垂直电梯是使重物作垂直上下运动的升降设备。从力学的角度来分析,要使一重物在空中保持静止状态,必须有一拉力 T 与物体的重力 Q 相平衡,即 $T=Q$,这时物体处于静止或匀速运动状态,称为力的平衡。此系统称为平衡系统。若要使物体向上运动,速度发生改变,则这一拉力 T 除了克服物体的重力 Q,还要提供一个产生加速度的力 F,即

$$T = Q + F = Q + ma$$

式中:m——为物体的质量;

a——为加速度。

如果物体的重力 Q 被另外一个平衡力 W 所平衡,$W=Q$,即构成一个平衡系统,这时拉力 T 就不用去克服重力 Q 了,而只需提供使物体产生加速度所需的力,即 $T=F=ma$,这样就大大减小了拉力 T。这就是电梯上采用的"平衡原理"。这个平衡力就是由对重来提供。因此我们要求对重的重力 W,要与轿厢及载荷的重力 $(P+Q)$ 相等。

(2)平衡系数的意义

要真正做到平衡这一点,在电梯的实际应用中非常困难,或者说目前还没有想出一个办法来实现这一点。因为轿厢的载荷 Q 是随机变化的,可能是0(空载)或者100% Q_H(满载)范围内的任意值,因此我们只能选择一个恰当的对重重量。可取:

$$W = P + KQ_H \tag{2-1}$$

这个系数 K，就是"平衡系数"。因此，平衡系数的实质就是设计配置对重的质量大小。它将影响对重的质量和电梯的不平衡载荷。当轿厢与载荷为 $P+Q$（其中 P 为轿厢的自重；Q 为轿厢的实际载荷；Q_H 为轿厢的额定载荷），轿厢侧与对重侧的不平衡载荷为：

$$\Delta T = (P+Q) - (P+KQ_H) = Q - KQ_H \tag{2-2}$$

(3) 平衡系数的选择

从式(2-2)可以看出，只有当 $Q = KQ_H$ 时系统才处于平衡，因此，不论 K 取何值，平衡只是相对的，而不平衡是绝对的。我们只能希望系统尽可能地接近平衡。一种简单的办法便是取轿厢载荷变化的平均值。因为轿厢载荷的变化为 0~100%，因此取 $K=50\%$ 左右都是合理的，很难说取多少更好些。电梯在出厂时并不完全了解实际运行使用时载荷的情况，要想真正达到比较理想的平衡，应该在电梯实际运行使用中，实际测定日常运行载荷的变化。

比如，目前大量的住宅电梯其实际的载荷变化基本在 0~60%，极少出现满载的情况，因此取 $K=30\%~40\%$ 应该更为合适。现在一般的乘客电梯在载荷超过 80% 时就进入直驶状态，因此真正满载的时候也较少，因此取平衡系数 $K=40\%~50\%$ 为合适。相反，一些载货电梯，由于轿厢超面积，其载荷变化会在 0~50%，因此平衡系数取 $K \geq 50\%$ 应该更为合适。

必须指出，这里说 K 的取值是指电梯设计时对平衡系数 K 的取值，称为设计值，绝不是电梯安装时或使用后随意配置的 K 值。

3. 电梯的功能

(1) 安全保护功能

①应急照明：当电梯在运行中发生故障导致电源被切断或中途停电时，应急照明将自动启动，照明时间大于 1h。

②安全停靠：当断电或电梯发生故障停止在非停靠位置时，电梯将自动进行故障诊断，以自动平层至最近层站，开门放人。

③门光幕保护：以装在轿门上的红外线光幕作为关门安全保护，光幕线数不低于 48 线。

④超载保护和满载直驶：轿厢超载时电梯不能起动，并在轿厢操纵箱上以声光信号警示；当轿厢以满载运行时，不应答层门信号。

⑤五方通话：可实现轿厢内、轿顶、井道底坑、控制柜及车站综合控制室之间的五方通话。

⑥警铃：按下轿厢内的警铃开关，安装在轿厢外顶部的警铃鸣响，并与对讲电话联动。

⑦过载保护：电梯设有灵敏的称重装置，当工作载荷到达 100% 时，电梯处于满载直驶状态；当载荷到达 110% 时，电梯会发出声、光警示，不能关门及运行，直至载荷降至额定载重以下为止。

(2) 控制和操作功能

电梯除具有自动平层、自动开关门、顺向截停、层站召唤等集选控制电梯的一般运行控制操作功能外，还应有如下功能：偏差大于 10mm 时，在开门前自动以低速找正至不大于 5mm；按下轿厢操纵箱上的开门按钮，能使正在关的门转为开门，按住开门按钮能使电梯（在一定时间内）保持开门状态；按下操纵箱上的关门按钮，能使门提前关闭；按下层门上的召呼按钮，能使正在关的门重开。

(3) 显示功能

在轿厢内操纵箱上或在门楣上能显示电梯运行方向和位置（层楼）信息；层在各层召唤

盒上,能显示电梯运行方向和位置,安装位置在厅门右侧。轿厢到站时,在开门前,能对层站和轿厢内发出报站语音(中、英文)。

(4)自动开关门功能

电梯除具有平层自动开门,预设定时间自动关门等集选控制电梯的一般自动开关门功能外,还应有如下功能:当正在开或关的门受到外力阻止时,门自动转为反向运动;或保持静止并报警,等待维修;电梯到站平层后门打不开时,自动运行至另一层站开门放人,之后停止运行。

4. 电梯运行控制方式

(1)正常情况下,电梯对外操作模式是完全开放的,由使用者进行操作。

(2)在紧急情况下,电梯接受 FAS 信号,电梯自动运行到基站(一般设在站厅),开门后停止运行,此时电梯所有按钮功能失效,同时将信号反馈给 FAS;只有在 FAS 将紧急情况解除信号发送给电梯后,电梯才能重新投入使用。

5. 电梯的日常检查

电梯的日常巡检内容,如表2-5所示。

电梯的日常巡检内容　　　　　　表2-5

部位	序号	项目	巡检内容
各层层站	1	呼梯按钮	按钮是否完好□;外呼功能是否正常□
	2	层显	显示器外观是否完好□;显示内容是否准确□
	3	厅门门套	外观尺寸是否符合要求□
	4	厅门	外观尺寸是否符合要求□;开关门运行是否正常□;噪声是否符合要求□
	5	厅门地坎	外观尺寸是否符合要求□
	6	厅门门锁	门锁是否完好□;非开锁状态下,厅门能否打开□
	7	候梯厅	候梯厅通道是否畅通□
	8	锁梯开关	基站锁梯开关是否完好□
	9	消防报警开关	基站消防报警开关是否完好□
	10	控制柜	设备层控制柜外观是否完好□;柜内开关、设备是否完好□;有无异常温升□
轿厢	11	轿门	外观尺寸是否符合要求□;开关门运行是否正常□;噪声是否符合要求□
	12	轿门地坎	外观尺寸是否符合要求□
	13	操纵盘	按钮是否完好□;显示器外观是否完好□;显示内容是否准确□;面板、检修门外观是否完好□;内选功能、开关门功能、警铃功能是否正常□
	14	平层	平层精度是否符合要求□
	15	安全触板、光幕	安全触板、光幕外观是否完好、清洁□;安全触板、光幕动作是否灵敏可靠□
	16	照明与通风	照明装置、照度是否符合要求□;通风功能是否正常□
	17	报警按钮	报警按钮是否完好□;紧急通话功能是否正常□
	18	到站钟/语音报站	到站钟功能是否正常□;语音报站功能是否正常□

续上表

部位	序号	项　目	巡检内容
轿厢	19	轿内	轿厢内壁、轿顶、门套、地板、扶手外观是否完好□；轿内卫生是否良好□
	20	运行状态	电梯运行是否正常□；运行舒适感是否良好□；噪声是否符合要求□
	21	警示标识、标志	各警示标识、标志是否完好□
机房	22	曳引机	是否正常运转□；润滑是否良好□；有无异常温升□；噪声是否符合要求□；开闸扳手是否完好□
	23	制动器	开合动作、状态是否正常□；有无异常温升□；噪声是否符合要求□
	24	限速器	润滑是否良好□；是否正常运转□；有无异常噪声□
	25	控制柜	参照第 10 项
	26	照明与通风	照明装置、照度是否符合要求□；通风装置、功能是否完好□
	27	机房内	门窗是否防风雨□；室内是否清洁无积水□；机房通道是否畅通□；机房内有无与电梯无关的设备□；电缆线槽是否完好□
	28	机房电源箱	箱体外观是否完好□；箱内开关、设备是否完好□

二、楼梯升降机

楼梯升降机是一种较新颖的设备，属于电梯的一个分支，如图 2-13 所示。它安装在车站站台到站厅或地面到站厅步行楼梯一侧，供坐轮椅的乘客上下楼梯使用，弥补了车站现有垂直电梯不能到达地面的不足。楼梯升降机能沿着楼梯连续做上升、水平和 90°转角运行，运行倾角不大于 35°。

a)　　　　　　　　　　　　b)

图 2-13　楼梯升降机

楼梯升降机的主要设备包括轮椅平台、驱动机、导轨、控制柜、充电指示装置、低电源蜂鸣器、安全装置等。

1. 轮椅平台

由于采用自动平台，故可通过操作外召唤盒的向上或向下按钮来控制平台的收放。在升降机到达端点位置后，只要持续按住上或下按钮，底板便会自动向上折放，护栏会向下折放。在平台折叠或张开过程中，如果遇到故障，也可通过手动方式完成。

2. 驱动机

驱动机采用直流电动机。

3. 导轨

导轨固定在楼梯侧面。

4. 控制柜

控制柜放置在楼梯升降机内部,包括直流电动机、蓄电池、主电源开关、上下行继电器、时间继电器、电动及辅助继电器等。

5. 充电指示装置

绿色指示灯常亮表示供电正常;黄灯显示充电情况,当黄灯快速闪动表示正在充电,慢速闪动或常亮表示蓄电池电充满。

6. 低电源蜂鸣器

低电源蜂鸣器的声音信号用作电池需要充电时的提醒。

7. 安全装置

安全装置包括限速开关、侧板开关、底板开关、护栏开关、限位开关、抱闸装置和旁通装置等。

任务三 自动扶梯及无障碍设施的基本操作

工具准备:电扶梯相关钥匙及实训设备。

知识准备:见本项目任务一、任务二中理论知识。

实施方式:本任务由教师示范操作,学生分组实际操作为教学过程。分组实际操作完毕后每组抽选一名学生进行实际操作检验,记录平时成绩。

一、自动扶梯

1. 自动扶梯使用注意事项

(1)在开启自动扶梯之前,整个梯级上不允许有异物存在;

(2)扶梯必须由经过培训的人员操作,且必须是空载启动;

(3)乘客在扶梯上站立时,应面向运行方向,手扶住扶手带;

(4)儿童在乘坐扶梯时,必须由大人搀扶;

(5)赤脚者不准使用自动扶梯,自动扶梯不允许运送笨重物体;

(6)若需改变自动扶梯的运行方向时,应当在自动扶梯完全停止后,才能操作转换运行方向。

2. 自动扶梯的操作规定

(1)自动扶梯操作要求:

①必须由受过培训的操作人员进行操作,操作时必须严格按规程执行。

②自动扶梯专用钥匙须由专人保管,除操作、维修人员及相关责任人授权人员外,不得借出。电梯控制箱钥匙及电梯三角钥匙只有专业维修保养人员可借用,特殊情况下应由相关责任人授权后方可借出。

③必须使用专用钥匙对自动扶梯进行开关操作;操作完毕后,不得留在自动扶梯开关上。

(2)正常情况下,在进行启动、停止、换向操作前,必须确保梯级和扶手带上无人无物。

(3)扶梯运行期间操作人员应经常巡查设备状况,发现问题应及时报告,如无把握可先关停设备,询问专业维修保养人员后再进行处理。

(4)停运后必须清洁扶梯外观,特别是梯级周边和扶手带周边。

(5)清洁时,标贴和警示牌板只需轻轻擦拭即可,尽量保护字体及底色。

3. 启动前的准备工作

自动扶梯在启动前的准备工作,即"一检查,五确认"。

"一检查"即检查扶梯踏板、扶手带、梳齿板和裙板,裙板与梯级间的间隙。

"五确认"即:

(1)确认上下出入口踏板及不锈钢装饰板位置正确,无破损。

(2)确认梳齿板和梯级无缺齿,梯级凹槽内及梯级周边缝隙内无杂物。如有则除去夹在里面的碎纸、小石子、口香糖等物。如图 2-14 所示。

(3)确认自动扶梯周围的安全设施(三角区的护板,防止进入的围栏、隔板及防护网)有无破损等异状。如图 2-15、图 2-16 所示。

图 2-14　检查异物示意图　　　　　图 2-15　三角区护板图示

(4)确认粘贴在自动扶梯出入口处的检验合格证、使用说明(示意图)清晰明确无破损,警示标志牌完好,位置正确。

(5)确认紧急按钮是否处于正常状态。如果处于被按压状态,则必须将其恢复到正常状态。如图 2-17 所示。

图 2-16　防止进入的围栏图示　　　　图 2-17　紧急停止按钮图示

项目二　电梯、自动扶梯及无障碍设施

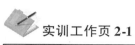

实训工作页 2-1

作业项目	操作步骤
开启扶梯	（1）将钥匙插入操作盘上，报警停止开关鸣响警笛，发出信号扶梯即将开始运转，放手后钥匙将回到中央位置，然后将其拔出。 （2）确认自动扶梯的踏板和梯级上没有乘客时，将钥匙插入运行开关后，向需运行方向（上或下）旋转，自动扶梯开始运作，待稳定运行后放手，钥匙自动回到中央位置，即可将其拔出（启动时一只手旋转钥匙同时另一只手按在急停开关上，当出现异常时应及时按动急停开关）。 （3）启动后确认扶梯踏板和扶手带是否正常转动，如有异常声响或振动时，要立即按动紧急停止按钮，停住自动扶梯，同时通知维修人员。 （4）确认正常运转后，再试运转 5～10min 左右。 （5）如果试运转中按动紧急停止按钮，在问题处理完毕后，必须将红色罩复原。开启扶梯，如图 2-18 所示：
开启扶梯	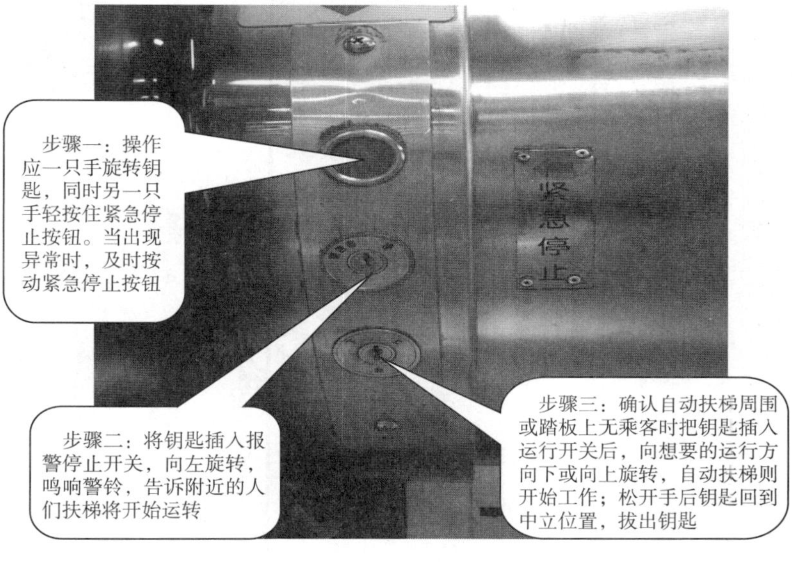 步骤一：操作应一只手旋转钥匙，同时另一只手轻按住紧急停止按钮。当出现异常时，及时按动紧急停止按钮 步骤二：将钥匙插入报警停止开关，向左旋转，鸣响警铃，告诉附近的人们扶梯将开始运转 步骤三：确认自动扶梯周围或踏板上无乘客时把钥匙插入运行开关后，向想要的运行方向下或向上旋转，自动扶梯则开始工作；松开手钥匙回到中立位置，拔出钥匙 图 2-18　开启扶梯
正常关闭扶梯	（1）停止之前，不允许乘客进入自动扶梯的梯口。 （2）将钥匙插入报警停止开关，鸣响警笛。 （3）确认自动扶梯附近或扶梯梯级上无人后，再用钥匙开启停止开关，自动扶梯则停止运行。扶梯关停操作，如图 2-19 所示。 （4）一天的正常运行结束后须认真检查并清扫扶梯踏板、扶手带、梳齿板、裙板以及扶梯下部专用房。 （5）正常停止扶梯后，应设置停止使用牌挡住乘梯口，防止乘客将其当作楼梯使用。扶梯防护设置，如图 2-20 所示。

续上表

作业项目	操作步骤
正常关闭扶梯	 步骤一：将钥匙插入报警停止开关，向左旋转，鸣响警铃 步骤二：确认扶梯附近或扶梯梯级上无人后，再用钥匙向右旋转至停止位置，自动扶梯停止运转 图 2-19　扶梯关停操作  用栅栏等挡住梯口，放置"暂停服务"牌 图 2-20　扶梯防护设置
紧急停梯	正常情况下必须使用钥匙开关自动扶梯，严禁非紧急情况使用紧急停止按钮停梯。 运营期间，如有下列一种或多种情况出现时，必须立即关停自动扶梯： ①扶手带、梯级不同步； ②运行状态不正常或声音异常； ③梳齿损伤，相邻的两个或多个梳齿折断； ④扶梯突然反向运行； ⑤运行过程中乘客摔倒，发生乘客推挤； ⑥自动扶梯大量浸水； ⑦其他异常情况。

续上表

作业项目	操作步骤
紧急停梯	必须使用紧急停止按钮时，应大声警示乘客"紧急停止，请抓住扶手"后，再进行操作。确认人员及设备状况，并采取相应应急措施。相关资源见二维码7。 （1）现场操作 ①正常状态：平时红色罩呈向外膨胀凸出状。 ②操作时：用手指按压，凸起状态变塌陷状态。 ③操作后的状态：用手指按压红色罩的周围，使其中部恢复正常状态。 （2）车站控制室操作 ①敲破玻璃片。 ②按压按钮。 ③复位：拔起按钮。 扶梯紧急停止操作，如图2-21所示 二维码7 在出现异常情况下，必须使用紧急停止按钮时，应大声通知乘客"紧急停止，请抓住扶手"后，再按下紧急停止按钮 图2-21 扶梯紧急停止操作
扶梯转换运行方向	（1）将钥匙插入报警停止开关，鸣响警笛。 （2）确认扶梯梯级上无人后再用钥匙开启停止开关，自动扶梯停止运行并将钥匙拔出。 （3）待完全停止后，将钥匙插入运行开关，开启需运行方向的开关（上或下），确认正常运转后，将钥匙拔出

二、电梯操作

1. 电梯开放使用前的准备

（1）检查电梯各层站有无漏水漏电现象，如有则须通知维修人员检查后方可使用。

（2）确认"乘客须知"清晰，报警电话号码明确清晰。

（3）确认警铃功能完好，报警电话畅通且声音清晰。

（4）用钥匙将开关旋至正常运行位，试乘电梯至所有层站，做试运行。如有异常则应通知维修人员检查修复后方可使用。

（5）检查内外控制按钮功能，各类显示是否正确。

（6）确认轿厢及层门地槛清洁无异物。

（7）观察开门、防夹光幕、照明、通风、启动、平层等各项功能是否正常，有无异响异味。

2. 电梯开放使用期间以及关停电梯时的注意事项

电梯开放使用期间操作人员应经常巡检试乘电梯。关停电梯时，将钥匙开关旋至锁梯位置，轿厢会自动运行至基站并开门，然后自动关门进入锁梯状态，操作人员必须确认轿厢内无人后方可离开。

3. 电梯操作要求

（1）严禁乘客吸烟、乱丢杂物、乱按控制按钮、倚靠轿厢门、携带危险品、携带超重超长物品。

（2）电梯受控层必须在被控楼层用受控层钥匙开启后方可使用。

（3）清洁电梯时不应使用过于潮湿的洁具，以免设备部件受潮损坏。

（4）火灾时,乘客疏散完毕后按下车站综控室控制台中间上部的电梯消防开关(红色蘑菇头),进入消防模式。旋转蘑菇头可使开关复位。

（5）如需长时间开门,可按轿厢内的开门按钮或本层的外呼按钮,请勿长时间站在门中间挡门而导致死机。

4．轿厢内的按钮介绍

轿厢内的按钮一般分报警按钮、楼层选择按钮、开门按钮和关门按钮等几种,如图2-22所示。

图2-22 轿厢内的按钮图示

 实训工作页2-2

作业项目	操 作 步 骤
电梯的开启	插入钥匙并将钥匙转到"0"位置,然后将钥匙拔出来,再按一般电梯的操作使用,如图2-23a)所示。 电梯启动后,对电梯状态进行检查。其主要内容如下： （1）确认外呼盒显示正常（显示轿厢所在楼层）； （2）确认"乘客须知"清晰,报警电话号码明确清晰； （3）确认警铃功能完好,报警电话畅通且声音清晰； （4）试乘垂直梯至基站,确认电梯正常运行
电梯的关闭	按压呼梯按钮,轿厢到指定楼层,层门打开,确认轿厢无人,按压楼层按钮选择基站楼层,轿厢运行至基站开门后,出梯并用锁梯钥匙插入钥匙开关并将钥匙转到"1"位置,出现"暂停"字样后,电梯重新开关门一次；当电梯再次关好门后电梯关闭,最后拔出钥匙,操作完毕,如图2-23b)所示。垂直电梯关停时必须确保轿厢内无人

a)电梯开启　　　b)电梯关闭

图2-23 电梯的开关图示

三、楼梯升降机操作

1. 使用注意事项

（1）使用前应仔细阅读"使用说明"。

（2）注意限载 225kg，切勿超载使用，以免发生意外或损坏设备。确认楼梯或导轨上无障碍物，且人员坐稳后，方可开动。

（3）当轮椅升降台运行中故障时，乘客可按下黄色召援按钮，此时会响起警报声请求站务人员帮助。

（4）尽量不要手拉脚踩活动护栏和平台板，当其放置不到位时可手动轻微调整。

（5）当平台开至楼梯中间不能运行时，应按简单故障诊断方法检查。仍无法恢复的应联系故障报警中心或车站维护中心安排专业人员进行检修，切勿硬推硬拉平台。

（6）清洁导轨（兼楼梯扶手）时，注意不要触摸导轨两端头下方的充电接触块，以防意外。

2. 运行前检查

（1）检查平台所在端站附近的电源盒，有一绿一黄两个指示灯；绿灯表示供电正常，黄灯显示充电情况。当黄灯快速闪动时表示正在充电，慢速闪动或常亮时表示电已充满。

（2）确认导轨及楼梯上无障碍物。

 实训工作页 2-3

作业项目	操作步骤
正常操作	（1）接到乘客要求开梯后，利用外召唤盒，在上端和下端均可召唤升降机。操作方法是将外召唤盒上的钥匙旋转到 I 位置，压下并按住上或下按钮。大约2s后，升降机将启动，并控制升降机来到乘客乘坐地点。 （2）轮椅锁定放置在底板上后，将控制钥匙从控制盒上取下并插入平台钥匙开关，旋至I位。 （3）运行前提示乘客松散衣物及手脚不要靠近导轨，衣物不要放在护栏上或平台外。 （4）取下黑色运行控制手柄，确认前方无障碍物时即可持续按下方向键开动平台。楼梯升降机设有蜂鸣器和红色灯光信号，工作时蜂鸣器会响，红色信号灯会亮，以引起步行楼梯上的人员注意。 （5）升降机既可由乘客在轮椅平台上自行操作控制器，又可由车站工作人员在升降机外使用控制器操作。为了及时发现障碍物并迅速制停升降机，工作人员可走在前面操作控制器，按住控制器有方向标志的两个按钮中的一个就可以使升降机运行。 （6）到达端站时持续按住控制手柄的方向键，直到前方的护栏垂直升起。 （7）下客后须用手动控制器或控制屏上的控制盒将底板及护栏完全收起。 （8）手动控制手柄用完后连同钥匙一并取走，用时再装上。 楼梯升降机平台示意图如图 2-24 所示。   a）升降机收起时　　　　b）升降机展开时 图 2-24　楼梯升降机平台示意图

续上表

作业项目	操作步骤
特殊操作	（1）当有障碍物碰撞左右侧护板时，会触动安全开关使平台急停；在清除障碍物后，需向反方向开行一小段使保护程序复位，再向需开行方向运行。 （2）当轮椅升降台运行中故障时，乘客可按下黄色召援按钮，此时会响起警报声请求站务人员帮助。 （3）检修时，为保安全可按下急停开关。轻旋按钮可使之复位。 （4）当蓄电池没电或其他故障导致平台无法运行时，可通过以下操作手动帮乘客脱困： ①先按下急停开关。 ②用方孔钥匙打开盖板锁，将盖板打开靠在护栏上。 ③向上或向下压抱闸操纵杆，同时转动马达手柄，使平台运动到安全位置放下乘客，一般会向下方移动平台会比较省力，如乘客需向上则比较吃力。 ④收起手动平台底板及护栏，报修

任务四　自动扶梯、电梯及楼梯升降机的故障异常处置

工具准备：电扶梯钥匙、实训设备。

知识准备：见本项目任务一、二的理论知识与任务三基本操作内容。

任务完成形式：分组演练，六个人为一组，分别扮演站务员、客运值班员、行车值班员、值班站长、乘客、维修人员。

一、电梯故障处理原则

在运营期间对故障的处理要求"先修复后分析"。当维修人员接到故障报告后应在30min内赶到现场并开始进行处理。当维修人员自身无法处理故障而需要技术人员时，技术人员接到通知后应在1h内赶到现场协助处理。故障处理完毕后，维修人员汇报维修调度员消除故障号并填写故障处理记录。重大设备故障由技术人员进行分析并提供故障处理分析报告，以避免今后出现同类故障，同时制定故障处理工艺。故障分析报告存入资料档案。

二、电梯抢修组织流程

（1）车站系统设备故障发生后，由维修调度员判断是否为重大故障，是否需要立即进行抢修。

（2）若为系统设备一般故障，在故障接报后，由工班长根据实际情况及当日的排班情况，派遣维修人员进行故障维修。若维修人员不能解决，工班长或技术人员必须到场协助解决。

（3）若为重大故障，维修调度员应通知上级生产调度员应进行抢修组织；生产调度员应接报后组织电力、扶梯系统就近维修人员第一时间赶赴事故现场，同时通知维修工班长、专业工程师参加抢修。

（4）首先到场的专业维修人员应向控制中心维修调度员申请进行抢险作业。

（5）原则上系统专业工程师或工班长为现场抢修负责人，抢修人员必须服从现场总指挥的命令，不得各自为政。

（6）抢修作业完成后，由现场抢修负责人报告抢修情况，同时向维修调度员报告抢修结束。

项目二 电梯、自动扶梯及无障碍设施

 实训工作页 2-4   电梯系统设备典型故障的应急处理

故障设备	故障现象	处 理 方 法
自动扶梯	自动扶梯不能启动	先检查电源的供电情况,看扶梯运行指示灯是否亮。如无问题但仍不启动,应做好相应的防护和告知措施,及时报修,等修复后再投入使用
	自动扶梯突然停梯	突然停梯,现场工作人员应及时切断自动扶梯控制电源,及时报修,采取相应的防护和告知措施
	自动扶梯夹入异物	应立即按下紧急停止按钮或切断总电源开关,根据夹入异物的情况和程度,对异物进行取出处理;如能顺利取出,对扶手带装置、安全保护开关等有关部位进行检查,确认正常后,重新启动自动扶梯;如果异物不能顺利取出,应做好相应的防护和告知措施,等维修人员进行处理
自动扶梯	自动扶梯运行异常	自动扶梯在行驶中有异常声响,有异味,有不正常振动和摩擦,梯级或踏板有较大跳动,扶手装置及裙板有"麻电"感觉现象,应立即按下紧急停止按钮,停止自动扶梯运行;如按下紧急停止按钮仍无法停车时,应切断供电总电源开关,做好相应的防护和告知措施,并立即通知专业维修人员进行检查维修
电梯	不能运行	①看电梯楼层显示是否亮,显示什么内容。 ②确认电梯受控层开关(可通向付费区的楼层,一般为站台)开关是否打开。 ③电梯门有无常开,检查地坎槽内及门边有无卡夹杂物。 ④确认车站综控室控制台上电梯消防按钮(黄底红蘑菇头)没有被按下。 ⑤报修
楼梯升降机	不能启动	①如平台上钥匙开关没旋至1位,将钥匙旋至一位。 ②如钥匙插在控制盒上(屏或手持控制器)上,将钥匙插在平台的控制开关上。 ③看急停开关是否动作;轻旋急停开关使复位。 ④检查操作控制器是否损坏;更换或修理操作控制器
	平台底板展开但不能启动	①看护栏是否放置到水平位置;轻微手动帮助护栏放置在水平位置。 ②看左右侧板动作是否灵活;轻微转动侧护板
	平台底板及护栏不能自动折叠和展开	①检查是否有其他控制钥匙在控制盒的O位,正确使用钥匙。 ②检查控制盒电池电量是否足够,更换电池

 实训工作页 2-5   电梯系统事故应急处理

事故设备	事故项目	操 作 步 骤
自动扶梯	特殊情况及地震应急处理	①站内人员需尽快疏散时操作人员应使扶梯朝方便疏散的方向运行,如不能换向运行就关停扶梯充当固定楼梯使用。 ②人员疏散完毕后应立即关停扶梯,并切断电源。 ③地震发生时应立即通过车站综控室内IBP盘上急停开关关闭所有扶梯
	紧急情况下的应急处理	①发生紧急情况(例如乘客摔倒或手指、鞋跟被夹住)时,应立即呼喊梯级出入口处的人员按动红色紧急停止按钮,停止扶梯运行。正常情况下勿按此按钮,以防突然停止使其他乘客因惯性而摔倒。 ②自动扶梯造成客伤时,应立即关停扶梯,报维修人员确认修复后,方可启用。 ③发生火灾、地震、水淹事故(例如水管破裂)时,请勿搭乘扶梯,应通过消防楼梯疏散

续上表

事故设备	事故项目	操 作 步 骤
自动扶梯	自动扶梯进水或遭遇水淹	车站应立即疏散自动扶梯上乘客,及时按下急停按钮,并切断电源,及时报修,采取相应的防护和告知措施
电梯	电梯火灾、地震应急处理	①轿厢内的乘客应使电梯就近到达安全楼层,尽快撤离。 ②电梯操作人员尽快按动"消防开关",使电梯进入消防运行状态。当电梯到达基站且乘客全部撤离轿厢后,切断电梯电源。 ③如电梯轿厢着火,应使用层门附近的绝缘灭火器灭火。 ④火灾或地震发生之后,电梯再运行前应请电梯维修人员严格检查或修理后方可重新投入运行
电梯	当电梯井道内进水时	①电梯操作人员应将电梯开至高于进水的楼层后立即切断电梯电源。 ②如水已经将轿厢淋湿,应立即就近停靠电梯后,切断电梯电源,并悬挂警示牌;组织人员封堵水源,清理现场。 ③水灾过后,应请电梯维修人员严格检查或修理后方可重新投入运行
电梯	垂直电梯困人的应急处理	车站工作人员应与电梯轿厢内人员保持联系,对受困乘客进行安抚,提示受困乘客保持安静,告知受困乘客可通过语音通话设备进行联系;维修人员到场后,提醒乘客尽可能远离电梯轿门,配合救援工作
电梯	垂直电梯剪切事故	当垂直电梯发生剪切事故时,车站工作人员应立即断开电梯主电源开关,避免救援过程中突然恢复供电导致意外发生。车站工作人员应及时报修,用防护栏将事故区域隔开,疏散围观乘客,做好维修人员、医护人员引导工作

实训工作页 2-6　电梯系统事故、故障应急处理程序

事故设备	作业岗位	处 理 程 序
自动扶梯	站务员(或首先赶到的员工)	①自动扶梯现场发现或接收到扶梯发生人员伤亡事故的信息后,应立即到现场处理。 ②视情况按下紧急停止按钮(按下前大声通知乘客"紧急停止、请站稳抓好")。 ③请现场的其他乘客协助救助当事人,将当事人平抬出扶梯,并挽留至少两名目击者做证人。 ④报告车站综控室。 ⑤将目击证人移交给客运值班员处理。 ⑥协助值班站长处理
自动扶梯	行车值班员	①通知值班站长、客运值班员到现场处理,安排人员到现场维持秩序,封锁现场。 ②报行车调度员、维修调度员、地铁公安、120(视现场情况定)。 ③暂停扶梯的使用,并做好防护,未得到事故处理负责人的允许,严禁任何人动用该扶梯
自动扶梯	客运值班员	①到现场负责专项跟进目击证人工作,并将目击证人带到会议室书写目击经过。 ②必须请目击证人写下个人的真实资料并保管好。 ③需要时移交给公安部门处理
自动扶梯	值班站长	①担任事故处理主任,负责现场事故的处理,协调各岗位工作。 ②确认当事人的伤势情况,进行紧急救助(简单的包扎等),用担架送到出口外等候救护车。 ③组织进行物证、人证的取证工作

续上表

事故设备	作业岗位	处理程序
自动扶梯火灾模式		①火灾模式下,扶梯由现场工作人员就地执行消防动作,或由车站工作人员按动在车站综控室内IBP盘上的扶梯急停按钮(但同时需要现场工作人员就地协助)。 ②非疏散扶梯消防动作:接到消防指令后,扶梯停止。 ③疏散扶梯消防动作:扶梯运行方向与消防疏散方向一致的扶梯,继续运行;其他扶梯停止,但可由车站工作人员就地控制开启,使其按疏散方向运行
电梯	站务员	①当在使用中发生事故时,应保持镇定、安抚好乘客,及时利用警铃、对讲设备等报警。 ②发现电梯发生安全事故时,应立即到梯前确认梯内是否有乘客(人数、有无受伤等),并通过对讲电话安抚乘客,使乘客保持镇定,禁止擅自采取行动。 ③报告车站综控室。 ④等候车站派人救助
电梯	行车值班员	①立即通知值班站长、客运值班员到现场处理。 ②报告维修调度员、行车调度员、地铁公安、120(根据现场情况)。 ③安排人员做好现场防护,禁止操作该梯。 ④保持与现场的联系
电梯	客运值班员	①协助值班站长进行处理。 ②安抚液压梯内的乘客,防止乘客自行救助,以免事态扩大。 ③维持好现场秩序
电梯	值班站长	①到现场实施救助。 ②当事人被解救出后,对伤者进行救助;当事人没有受伤时,带到会议室处理。 ③车站无法救助时,通知专业人员进行救助
楼梯升降机	站务员	①报告车站综控室。 ②安抚乘客保持镇定。 ③和其他员工一起抬送乘客到乘坐终点
楼梯升降机	行车值班员	①通知值班站长到现场处理。 ②报告维修调度员
楼梯升降机	客运值班员	①协助值班站长进行处理。 ②维持好现场秩序
楼梯升降机	值班站长	①现场指挥处理,在确保当事人安全的情况下人力抬残疾人上去/下来。 ②向当事人表示歉意

实训工作页2-7 电梯关人时的救援

当发现电梯故障停止(或停电)时,首先通过轿厢监视器或车站综控室内电梯紧急电话确认电梯是否关人;同时通知电梯公司维修人员,要求尽快到现场检查电梯。如确定有人被困,站务员处理程序如下	
处理步骤	救 援 方 法
第一步	通过车站综控室内控制台上白色紧急电话安抚受困人员,通过询问和轿厢内的摄像头了解现场情况,并劝诫受困人员保持冷静,耐心等待维修人员,不要自行扒撬轿门,应手握扶手靠轿厢壁站立

续上表

处理步骤	救援方法
第二步	在安抚受困人员同时,另一站务人员拨打电梯公司报修电话或维保人员手机,并记录时间
第三步	站务通知设备维修调度员,由故障报警中心或车站维护中心通知电扶梯工区,派人尽快赶到现场
第四步	站务人员携带全套电梯专用钥匙(包括三角钥匙、控制柜钥匙、锁梯钥匙及受控层钥匙)在关人电梯的顶层厅门处等待
第五步	先到达的持电梯操作证人员向现场站务人员询问情况后,按电梯控制柜中张贴的紧急救助程序进行操作,尽快将被困人员放出
第六步	如站务人员使用电梯控制柜中紧急操作方法仍不能放出乘客时,继续安抚受困人员,等待电梯公司维修人员赶到后配合解救
第七步	放人后要求电梯公司维修人员全面检修电梯及提供全面详细的事故分析报告

注:①只有通过专门培训的持电梯操作证人员方可对电梯执行紧急放人操作,如电扶梯专业人员或维保人员。
②轿厢内,长按黄色报警按钮可呼叫车站综控室内控制台中间上部白色紧急电话,按钮上方多孔处为话筒。
相关资源见二维码8~二维码10。

二维码8　　　　　二维码9　　　　　二维码10

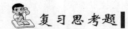

1. 说明自动扶梯基本结构。
2. 简述自动扶梯的工作原理。
3. 说明自动扶梯控制方式。
4. 自动扶梯日常巡检有哪些内容?
5. 说明无机房电梯的基本结构。
6. 说明电梯曳引原理。
7. 电梯日常巡检有哪些内容?
8. 自动扶梯运行前要进行哪些准备工作?
9. 说明自动扶梯的开启操作步骤。
10. 电梯困人应如何救援?

项目三 站台安全门系统

【教学目标】

1. 掌握站台安全门系统的概念、分类及其功能；
2. 掌握站台安全门系统的门体结构，了解门机驱动系统；
3. 明确站台安全门控制系统的等级关系与基本功能；
4. 能够对安全门进行快速实际操作；
5. 掌握站台安全门常见故障的应急处理办法。

【建议学时】

12 学时

【知识体系与任务关系图】

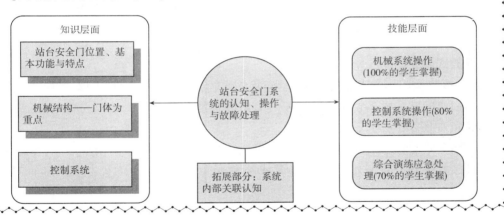

提示： 站台安全门品牌不同，设备的名称与形式略有差别，因此，不同的公司对设备的处理流程略有差异。请同学们在学习的过程当中，抓住重点，无须纠结于具体样式。本项目主要以北京地铁某品牌的安全门设备为例。

任务一 站台安全门预备知识学习

一、站台安全门概况

思考： 站台安全门在车站的哪个位置？你见过何种形式的？它的存在有价值吗？

如图 3-1 所示,城市轨道交通站台安全门安装于地铁、轻轨等车站的站台边缘,将轨道与站台候车区隔离,设有与列车门相对应,可多级控制开启与关闭滑动门的连续屏障,简称安全门。

二、安全门系统的分类

安全门系统分为封闭式安全门和开放式安全门。

1. 封闭式安全门

封闭式安全门,又称屏蔽门,它安装于地铁车站,实行全封闭;具有密封性能的轨道交通站台安全门系统,如图 3-2 所示。

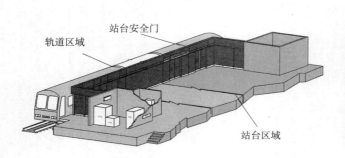

图 3-1　站台安全门的位置

图 3-2　封闭式安全门系统(屏蔽门)

2. 开放式安全门

(1)全高安全门。它安装于地铁、轻轨等交通车站,门体结构超过人体高度,门体顶部距离站厅顶面之间有一段不封闭空间。不具有密封性能的轨道交通站台安全门,其总体高度为 2050mm,如图 3-3 所示。

(2)半高安全门。它主要安装于地铁、轻轨等轨道交通地面或高架车站,门体结构不超过人体高度。不具有密封性能的轨道交通站台安全门,其总体高度为 1500mm,如图 3-4 所示。

图 3-3　全高安全门

图 3-4　半高安全门

三、站台安全门的功能

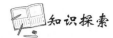

在保证乘客安全的前提下,为了降低地铁的运营管理成本,东京地铁在南北线上安装了开放式安全门。在日本东京地铁南北线上,站台几乎都设在400~500m半径的曲线上,车辆远期编组是8辆(初期4辆),每节车辆长度20m,列车长度为160m。要保证安全需增加大量人员,自从设置了安全门之后,一般情况下只需司机一人操作就可保证安全,站台上无须站务人员接发列车,进行监视,从而减少了站台上的工作人员,大大地降低了地铁的管理成本。

在香港,安全门一般为封闭式(屏蔽门),这是由于封闭的安全门能够大大地降低冷源的流失。目前,北京也有几条线路从原来的全高安全门改为封闭式屏蔽门。

设置安全门的意义重大。目前,北京地铁13号线等线路虽然面临施工的巨大困难但仍然增设了安全门,以保证乘客的安全。

从以上描述中,请同学们用三句话说出安全门最重要的三个功能。

根据以上的案例的介绍,我们从中发现安全门最重要的功能主要有如下三个方面:

(1)保证站台设施和人员的安全,包括乘客安全,运营公司的运营安全。
(2)降低运营成本,包括夏季空调的运行成本与人力成本。
(3)保持良好的站台环境,从美观上,降噪等方面改善作用。

练一练:如果你对以上内容已经深入了解,就请你结合身边实际举例说明地铁中不同类型的安全门。

四、站台安全门的机械结构认知

站台安全门系统一般由机械和电气两大部分构成。机械部分主要包括门体结构和门机驱动系统;电气部分包括控制系统、监视系统及电源系统。如图3-5所示。

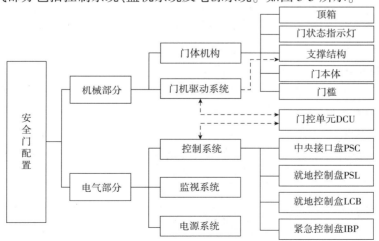

图3-5 站台安全门系统框架图

门体与门机驱动系统组成,如图3-5所示。门体为乘客所见的机械部分,门机则是驱动门体运转的机械驱动系统。

1. 门体结构

门体结构为乘客在站台可直观看见的部分,主要由顶箱、门状态指示灯、支撑结构、门本体、踢脚板、门槛等部分组成,如图3-6所示,相关资源见二维码11。

二维码11

(1)顶箱。顶箱上可装设一些导向标识,但其主要功能是对内部部件进行密封保护,并采用防电磁干扰措施。此外,顶箱内藏有重要的机械部件,保证门体的自动开关。

(2)门状态指示灯。在顶箱的上侧方有一个用于照明的设备为灯带,灯带可以帮助乘客更好地识别顶箱表面内容。其具体位置,如图3-7所示。灯带是站务员巡检的内容之一,当发现有灯源损坏,应及时通知相关人员进行维护和更换。

图3-6 站台安全门门体结构

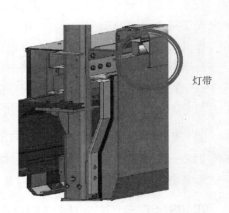

图3-7 站台安全门灯带位置

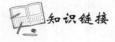

门状态指示灯的大功能

门体上的指示灯是一个看起来无关紧要却具有重要意义的设备。它能够帮助工作人员快速辨别各个门的状态,以某个品牌的安全门为例:

- 执行开门命令:在滑动门开门过程中,门状态指示灯闪烁,在滑动门全开后常亮。
- 执行关门命令:在滑动门关门过程中,门状态指示灯闪烁,在滑动门关闭后熄灭。
- 当滑动门内部有故障时,门状态指示灯闪烁(快速闪烁)。

请各位同学课后去看看所在城市地铁线路上安全门的指示灯的不同内涵,并记录在表3-1中。

课 后 调 研　　　　　　　　　　　　　　　表3-1

线路(品牌)	闪烁	亮	灭	其他
号线				
号线				

(3) 支撑结构。站台安全门的支撑结构包括立柱、下面的底座以及上方支撑组件。底座通过绝缘件与站台板进行螺栓连接,既保证牢固可靠,又可以保证安全门系统与站台板地面绝缘隔离。

(4) 踢脚板。它采用的是不锈钢材料,主要是用来提高安全门的强度,防止乘客有意或无意地踢脏或踢碎门体玻璃。

(5) 门槛。它采用铝合金材料,表面上用一种凸凹结构作防滑处理,门槛位于所有能够滑动的门体下端。这些地方是乘客最有可能踩踏的区域,以避免乘客经过时发生不必要的摔倒;同时它与站台板进行绝缘固定,以防止乘客触电。

(6) 门本体结构。它是站台安全门机械结构最重要的组成部分。按照结构和功能一般可分为滑动门(ASD)、固定门(FIX)、应急门(EED)、端门(MSD)四种门;部分站台包含司机门(DSD)。如图3-8所示。具体如下:

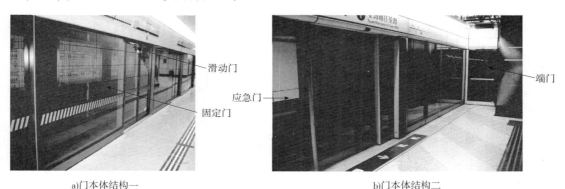

图3-8 站台安全门门本体结构

四种门本体在站台的布置,如图3-9所示。

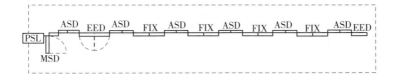

图3-9 站台安全门门本体布置

① 滑动门(ASD)。它的数量应与列车一侧客室门数量一致,位置对应。正常情况下,滑动门的开/关应由门机总承的驱动机构操作,由门控单元DCU(Door Control Unit)控制。在紧急情况下应能实现如下功能:在轨行区侧乘客可操作设置在门扇上的手把手动开门;在车站站台侧车站乘务员可用专门钥匙手动开门。

滑动门一般设有障碍物探测功能,其能探测到的最小障碍物一般为5mm(厚)×40mm(宽)的物体。相关资源见二维码12。

当滑动门关门受阻时,门操作机构能通过探测器检测到有障碍物存在并立即释放关门力,停顿2s后门全开,然后再次关门;重复关门三次仍不能关闭,滑动门则全开并进行报警,等待工作人员处理。

二维码12

思考：国内外曾多次发生安全门夹人事件，你知道原因是什么吗？这些案例警示了什么呢？

②固定门（FIX）。它设在双扇滑动门之间。根据滑动门的间距，在满足门本体结构强度、刚度的前提下，根据轨行区边墙侧灯箱广告的可视性及视觉观感的要求，可将固定门进行分块或不分块处理。

③应急门（EED）。在门本体结构中应设置应急疏散门，不带动力，每节车厢至少对应一扇应急门；在应急情况下使乘客能在轨行区侧手动打开逃生，如图3-10、图3-11所示，相关资源见二维码13。

二维码13

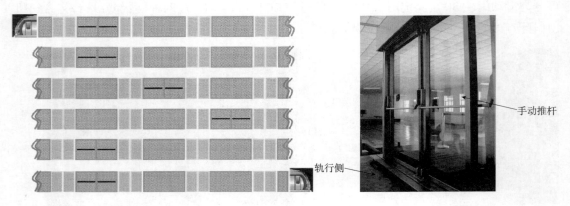

图3-10　应急门布置图　　　　图3-11　应急门结构图

④端门（MSD）。它设置在站台端头，在正常情况下由列车司机或车站站务员手动打开。其位置，如图3-12所示。相关资源见二维码14。

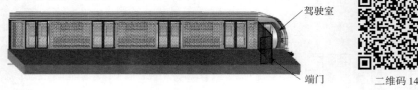

二维码14

图3-12　端门的位置

⑤司机门（DSD）。它布置在加长的站台处。当列车不行驶到站台端头即正常停车时，为保证司机能够正常下车完成相关操作，在安全门门体上设置司机门，如图3-13所示。

请同学们牢记门本体名称、英文缩写、基本功能与位置。

小提示：此部分内容重要，请同学们认真掌握后，与后文任务二联系起来进行学习，完成复习思考题2。

2. 门机驱动系统

安全门的门机驱动系统设置在顶箱内，它由驱动电机（直流电机）、传动装置（皮带或螺杆）、自动锁紧装置及门体悬挂装置组成。其中，传动装置分为皮带传动和螺旋副传动两种方式。门机驱动系统的结构，如图3-14、图3-15所示。

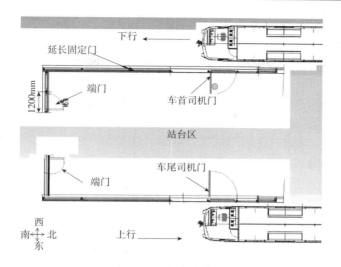

图 3-13　司机门的位置

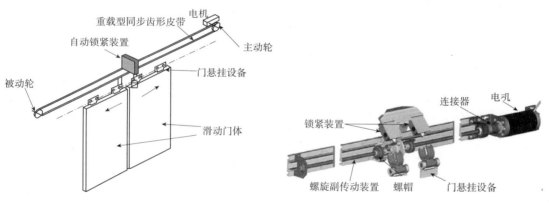

图 3-14　门机驱动系统结构（皮带传动）　　　　图 3-15　门机驱动系统结构（螺旋副传动）

滑动门（ASD）就是利用这些不同类型的门机驱动系统实现了自动开关功能。当滑动门收到开关门指令时，电机动作，带动传动装置，以门悬挂设备为基础带动门体开关。

思考：结合图 3-16 两幅实物图，思考不同类型的门机驱动系统是如何保证门体向不同方向运行的呢？

a)　　　　　　　　　　　　　　　　b)

图 3-16　门机驱动系统实物图

五、站台安全门电气控制系统

站台安全门的控制系统主要由中央接口盘（PSC）、就地控制盘（PSL）、综合后备盘（IBP），就地控制盒（LCB）、门控单元（DCU）、通信介质及通信接口等设备组成。

一般除线路两端车站之外，每车站均设有一套中央接口盘（PSC）控制站台两侧所有的安全门，并且每侧安全门都由一套独立的逻辑控制子系统组成，确保一侧安全门的故障不影响另一侧安全门的正常运行。

站台安全门控制系统设备在车站的分布情况及各控制单元之间的关系，如图3-17所示。中央接口盘（PSC）及监控主机一般设在车站安全门设备室内；安全门远程监视系统（PSA）、综合后备盘（IBP）设在车站综控室；就地控制盘（PSL）一般安装在非公共区与轨行方向平行的设备房墙壁上。另外在站台监控亭里设有安全门状态报警盘（PSAP）。

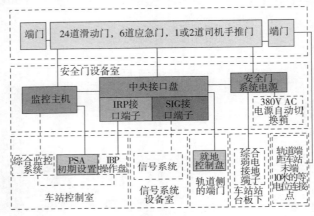

图3-17 站台安全门控制系统配置

思考： 请根据以上关于控制系统的描述，将下面所列的标签画在图3-18中的正确位置。

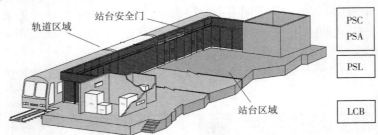

图3-18 站台安全门控制系统布局

站台安全门控制系统一般具有系统级控制、站台级控制和手动级控制共三级五种控制方式。其中以手动级控制优先级最高，系统级控制优先级最低。

系统级控制为正常情况下安全门采用的控制方式，当列车进站时，经由信号系统通过PSC控制安全门。

站台级控制则由两侧站台的就地控制盘PSL或者通过IBP盘上的安全门操作开关对安全门施行紧急控制。

手动级控制则通过每个门单元的就地控制盒 LCB 来进行开关门操作，或者由工作人员通过三角钥匙进行开关门操作。

各系统的安全等级与控制优先级，如图 3-19 所示。

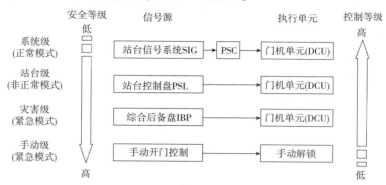

图 3-19　站台安全门控制系统

1. 站台安全门系统级控制

在正常情况下，站台安全门的开关均由信号系统通过 PSC 来控制两侧安全门。具体开关门过程，如图 3-20、图 3-21 所示。

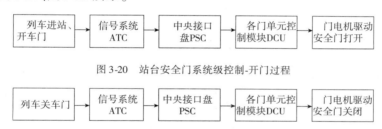

图 3-20　站台安全门系统级控制-开门过程

图 3-21　站台安全门系统级控制-关门过程

中央接口盘 PSC 由单元控制器控制系统和监视系统构成，如图 3-22 所示。每个单元控制器各控制一侧站台的安全门；各单元控制器都配备有与相应侧信号系统进行接口的设备。

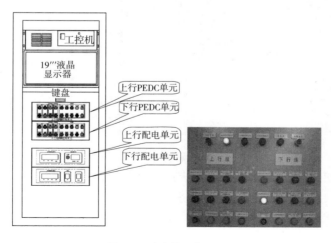

图 3-22　中央接口盘 PSC

中央接口盘 PSC 内部能完成与其他系统接口前的所有准备工作，如将两侧站台安全门的状态信息集成，并将信息以每个车站为单位与 BAS 进行数据传送。

思考：根据站台安全门控制系统的示意图，分析一下如果 PSC 发生故障，车站工作人员能否通过 IBP 盘操作两侧的站台安全门？

2. 站台安全门站台级控制

（1）PSL 控制

PSL 控制在系统级控制出现故障时，可进行 PSL 操作。PSL 控制是由列车司机或站务人员在站台就地控制盘上对滑动门进行开/关门的控制。如信号系统故障、信号系统与中央控制盘开/关门指令界面故障的状态下，列车司机或站务人员可在就地控制盘上进行开门、关门操作，实现安全门的 PSL 控制操作。相关资源见二维码 15。

二维码 15

开门操作：列车司机或站务人员将 PSL 开/关门钥匙开关打到开门位发出开门指令，滑动门开始打开，中央控制盘面板、就地控制盘、IBP 盘、整合屏上的所有"关闭锁紧"状态指示灯熄灭。滑动门完全打开后，PSC 面板"开门指示"状态指示灯点亮。

关门操作：列车司机或站务人员将 PSL 开/关门钥匙开关打到关门位发出关门指令，滑动门开始关闭；当安全门全部关闭且锁紧后，PSC 面板、PSL 盘、IBP 盘所有"关闭锁紧"状态指示灯点亮。

门关闭后无法发车：当滑动门全部关闭后，所有"关闭锁紧"信号丢失或信号系统无法确认安全门是否锁闭而不能发车时，列车司机或站务人员在就地控制盘上对"互锁解除"开关进行互锁解除操作，"互锁解除"状态指示灯点亮。

就地控制盘 PSL，如图 3-23 所示。一般其盘面至少包括：

a)
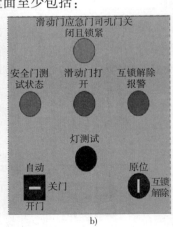
b)

图 3-23　就地控制盘 PSL 盘面

"关闭锁紧"状态指示灯为绿色，当所有门单元关闭并锁紧后，指示灯亮；当某一个 ASD/EED 没有关闭且锁紧，这个绿色的指示灯将灭。

"开门指示"状态指示灯为红色，当所有滑动门单元全开到位后，指示灯亮；当滑动门打开/关闭过程中，指示灯闪烁。

互锁解除指示灯为红色，互锁解除强制钥匙开关被执行时，这个红色的指示灯将被点亮。

转动互锁解除钥匙开关可将"互锁解除"信号送到信号系统。当转动的力释放后,钥匙通过自复位功能自动回到正常位置。

开关门钥匙开关共设四位挡,分为禁止位、关门位、开门位、PSL 使能位,通过旋转开关到各自位置,可以对所有滑动门发出开/关门命令。钥匙只有在禁止位时才能取出。

指示灯测试按钮为绿色,执行指示灯测试按钮后,PSL 上所有的指示灯将被点亮,以检测损坏的指示灯。

(2) IBP 盘的控制模式

IBP 盘的控制模式是以每侧站台安全门为独立的控制对象。在车站紧急情况下(如火灾),在车站控制室操作 IBP 盘上的开门按钮,打开安全门滑动门;滑动门完全打开后,PSC 面板、PSL 盘、IBP 盘上的开门指示灯亮。本命令属于紧急状态下的紧急开门命令,优先级高于 PSL 控制和系统级控制。

IBP 盘安全门控制盘面,如图 3-24 所示。

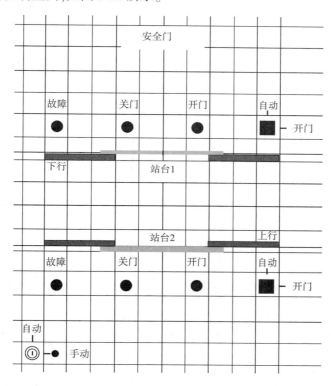

图 3-24 IBP 盘安全门控制盘面

在 IBP 盘上设置开门按钮、关门按钮、开门状态指示灯、关门状态指示灯、关门锁紧指示灯。开门、关门状态指示灯能实时反映门状态。其显示功能与 PSL 的状态指示灯一致。

3. 站台安全门手动级控制

手动操作是指站台工作人员或乘客对安全门进行的手动操作。当系统电源或个别安全门操作机构发生故障时,站台工作人员可在站台侧用钥匙打开安全门,或者乘客在轨道侧操作安全门开门把手打开安全门。此时,PSC 面板、PSL 盘、IBP 盘、整合屏上的所有"关闭锁紧"状态指示灯熄灭。

在维修测试情况下，单扇门就地操作是由维修保养人员使用就地控制盒 LCB（见图 3-25），对单道安全门进行操作；LCB 一般设在安全门门框的右下角。

a) LCB转换开关　　　　　　　　b) 就地控制盒LCB位置图示

图 3-25　就地控制盒 LCB

每个门单元中无论发生网络通信故障、电源故障、DCU、门机故障以及其他故障，均可通过就地控制盒 LCB 使此单元隔离，切断电源，从而不影响整个系统的正常工作。LCB 的设置充分考虑系统的运行安全，并且 LCB 各挡位均有中文标识。其安全解决方案：将开关串联到门单元的回路中，开关自动位置为常闭点，平时为自动；当发生故障时，开关打到隔离位置，隔离位置为常开点，将电源回路断开，从而将门单元隔离出来。

就地控制盒 LCB 一般设"自动、关门、开门、隔离"四位钥匙，钥匙从"开门"位顺时针旋转为"关门"位，再顺时针旋转为"自动"位；从"自动"位再顺时针旋转为"隔离"位；钥匙只有在"自动"位时可取出。图 3-17 所示，LCB 设"自动、隔离、手动"三位钥匙。钥匙在"手动"位时，维修人员可操作安全门顶箱内的开关门按钮进行手动操作。

当转换开关处于"自动"位置时，允许门控单元接收中央控制盘的"开门命令"与"关门命令"。

当转换开关处于"隔离"位置时，单个滑动门单元与系统隔离，隔断本单元的电力供应，不影响整个系统的正常工作，便于维修。

当开关处于"开门"或"关门"位置时，不执行来自中央控制盘的命令。门扇可通过设置在就地控制盒上的"开门"或"关门"进行操作，此道门的安全回路被旁路。

回顾一下：用自己的话描述站台安全门的各种控制方式。

任务二　站台安全门的检查与操作

工具准备：安全门开关门的开关门三角钥匙，LCB 钥匙。
知识准备：见本项目任务一中"安全门机械结构认知"。
实施方式：本任务由教师示范操作，学生分组实际操作为教学过程。分组实际操作完毕后，每组抽选一名学生进行实际操作检验，记录平时成绩。手动操作滑动门相关资源见二维码16、二维码17。

二维码 16　　二维码 17

实训工作页 3-1　日常检查

操作项目	操作内容	操 作 步 骤	查看结果
安全门检查	接到任务后,到达指定场所站台		
	站台安全门外观检查	门体玻璃、指示标志是否有损坏？ 门槛是否有异物？ 各门体是否有未完全关闭情况？ 灯带是否点亮	有无 有无 有无 有无
	站台安全门功能检查	综控室开关门两次,查看是否有异样？ 门状态指示灯检查,亮灭是否正常？ 综控室 PSA 系统是否有报警项目	有无 有无 有无
	PSL 检查	到达指定位置； 试灯试验,查看指示灯是否有异常	

 实训工作页 3-2　用不同方式操作站台安全门以解决异常问题

操作项目	操作原因	操 作 步 骤	所在位置
滑动门 ASD	手动操作滑动门；若某道滑动门在关闭锁紧的状态下,发生故障,使该滑动门不能执行信号系统的开门命令或 PSL、IBP、LCB 的开门命令,可使用专用钥匙将滑动门打开	(1)将钥匙插入左滑动门锁眼内,逆时针旋转 30°,透过门玻璃可看到门内方把手同步转动,直到不能转动为止,此时已解锁到位。如图 3-26 所示。 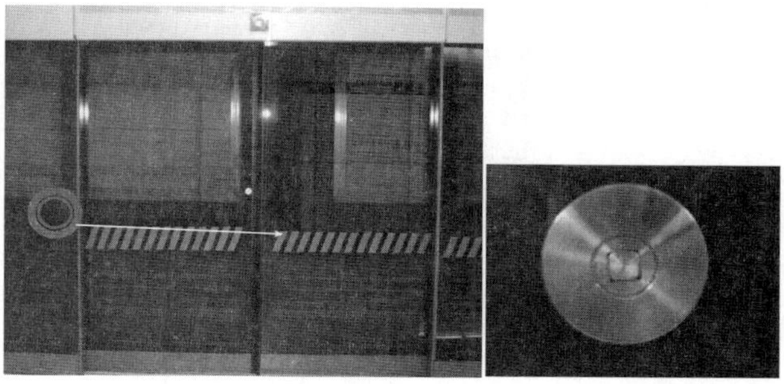 图 3-26 (2)握住钥匙柄继续向左拉开滑动门门扇,露出一定缝隙。如图 3-27 所示。 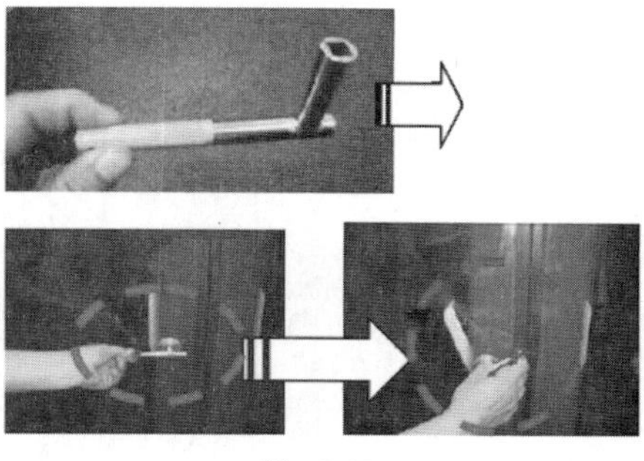 图 3-27 (3)双手握住左/右玻璃门扇,向左/右边推开玻璃门扇到全开门位	

续上表

操作项目	操作原因	操作步骤	所在位置
滑动门 ASD	乘客手动操作滑动门方法：乘客遇到突发情况，从轨道行车一侧打开滑动门	（1）找到轨道侧开门扳手，位于滑动门中间。 （2）向一侧搬动扳手，拉开滑动门，如图3-28、图3-29所示。 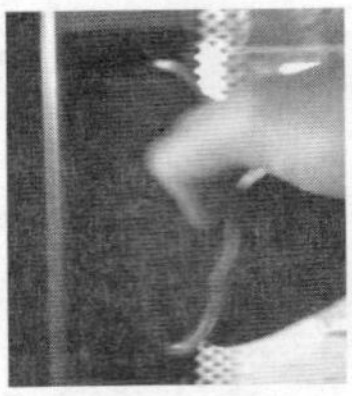 图 3-28 　　图 3-29	
	用LCB操作滑动门：当某个滑动门在自动模式下不能执行开门或关门命令时，就地电动开关安全门	（1）准备好钥匙（见图3-30），到达滑动门处，找到LCB位置（有的LCB在门上方，需借用梯子，有的在滑动门门柱侧面下方）。 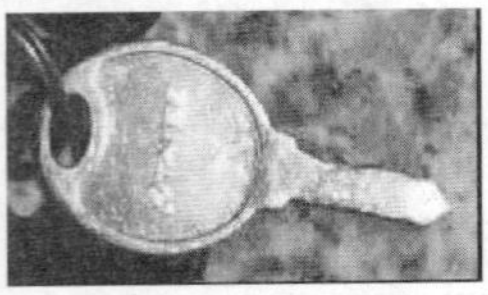 图 3-30 （2）将钥匙拧到手动位，按下红绿按钮代表关闭或打开滑动门。如图3-31所示。  a)　　b) 图 3-31 **注意**：如LCB在上方，需用梯子，注意安全和身体重心。LCB的钥匙只有在自动位才可取下，操作结束后务必取下收好。在手动状态下，滑动门不再受到系统开关门的控制。隔离位置一般为维修人员使用，隔离状态下的滑动门依然向监视系统上传门状态信息	
	PSL操作滑动门：滑动门不能正常开关，是有异物所致，需重新开关一次	（1）站务员到达指定位置或通过手台通知司机用PSL开关一次（端门的开启方式同滑动门手动开门方式）。如图3-32所示。  图 3-32	

续上表

操作项目	操作原因	操作步骤	所在位置
滑动门 ASD	PSL操作滑动门：滑动门不能正常开关，是有异物所致，需重新开关一次	(2)准备好钥匙，插入钥匙孔打到开关门位，打开或关闭安全门。如图3-33所示。 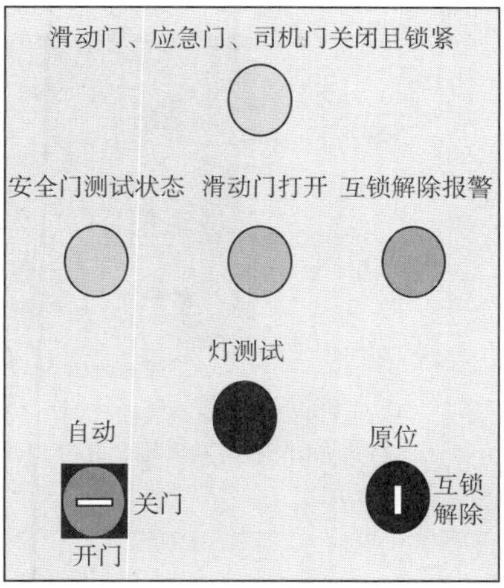 图 3-33 **注意**：观察PSL上指示灯的情况，当绿色"关闭锁紧"指示灯点亮时，说明滑动门恢复正常	
应急门 EED	当列车停车过程中没有对准滑动门，并且无法移动，需要疏散乘客时，手动打开应急门	(1)到达所在位置，站务人员通过开门钥匙打开应急门。如图3-34所示。  图3-34 轨行区应急门结构 (2)乘客通过下压推杆打开应急门。 **注意**：应急门为纯机械结构，不能自动恢复	
"端门、司机门"开关门方式同"应急门"			

任务三　非正常情况下的控制系统操作

工具准备：安全门的PSL钥匙（两把）、IBP盘钥匙。
知识准备：见任务一中"安全门电气控制系统认知"。

实训工作页 3-3

操作项目	操作原因	操作步骤	备注
PSL 操作	当某种原因导致部分滑动门不能正常开关时,司机需重新开关一次滑动门	(1)站务员可通过手台通知司机用 PSL 重新开关一次(或到站台端门处,打开玻璃扇门,在整合屏位置上操作 PSL)。如图 3-35 所示。  图 3-35 (2)准备好钥匙,插入钥匙孔打到开关门位,打开或关闭安全门。如图 3-36 所示。 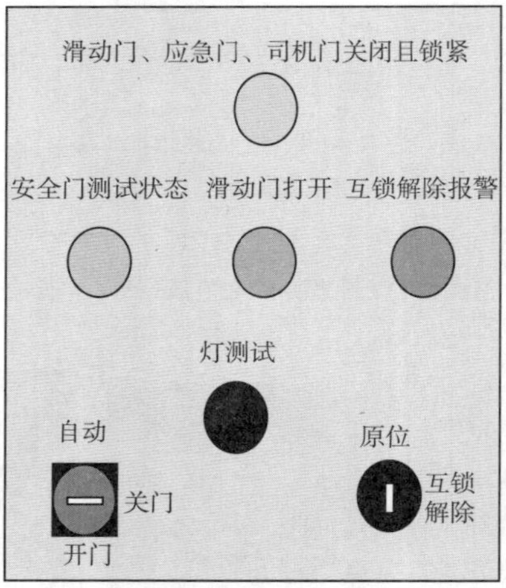 图 3-36 注意:观察 PSL 上指示灯的情况,当绿色"关闭锁紧"指示灯点亮时,说明滑动门恢复正常	
	当所有滑动门均关闭,但信号系统始终无法收到关闭锁紧的信号,导致列车不能正常驶入或离开车站时	(1)到达指定位置(同上),准备好钥匙。如图 3-37 所示。 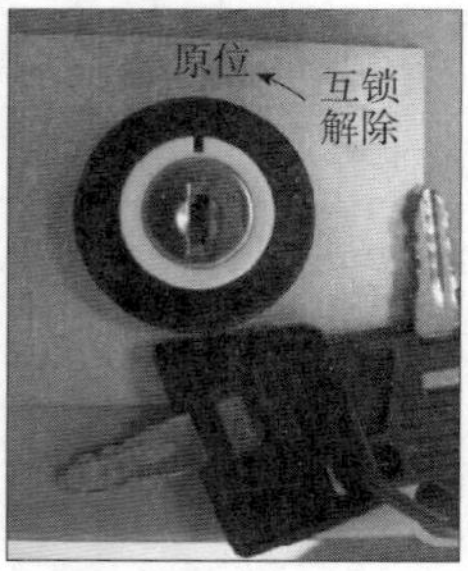 图 3-37	

续上表

操作项目	操作原因	操作步骤	备注
PSL 操作	当所有滑动门均关闭,但信号系统始终无法收到关闭锁紧的信号,导致列车不能正常驶入或离开车站时	(2)将钥匙插入互锁解除二位开关的"互锁解除"锁内,顺时针旋转至"解除"位,互锁解除报警灯亮,互锁解除成功,列车进入或离开车站,互锁解除复位。如图3-38所示。 图 3-38 注意:互锁解除操作后,将自动复位;除非极其特殊情况,否则不适用互锁解除;明确不同钥匙的使用,如使用不当,容易造成开关的损坏	
IBP 盘	紧急情况(如火灾,暴恐等情况发生时)	操作人员:值班站长。 步骤:车站综控室用钥匙插入IBP盘的开关,打到手动挡时,为开启所有滑动门;自动挡时为接受PSC系统控制	

任务四　站台安全门常见故障的应急处理

工具准备:站台安全门的钥匙、实训设备。

知识准备:见本项目任务一、二、三的理论知识与基本操作内容。

任务完成形式:分组演练,五个人为一组,分别扮演站务员(站台)、司机、值班站长、乘客、维修人员。

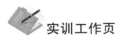
实训工作页

一、单对安全门不能开启的处理办法

步骤	负责人	处 理 办 法
1	站务员	(1)发现故障或接到通知后立即赶到现场。 (2)处理: ①立即到站台引导故障安全门处的乘客上下车,并用专用钥匙将该故障安全门LCB打到"手动"位。 ②贴上"此门故障"告示
2	车站督导员	(1)将信息报行车调度员和故障报警中心。 (2)跟进安全门维修情况,将安全门的故障和修复情况报行车调度员

二、多对安全门不能开启的处理办法

步骤	负责人	处 理 办 法
1	站务员	（1）发现故障或接到通知后立即赶赴现场处理。 （2）手动打开部分门（确保没有连续不能开启的门即可）上下乘客；待司机关闭车门、安全门后，查看安全门关闭情况，如无法关闭处理程序按多对不能关闭程序处理
2	值班站长	（1）接到安全门故障的信息后，及时通知巡视岗和车站督导员到站台处理。 （2）将信息报行车调度员和故障报警中心。 （3）跟进安全门维修情况，并将安全门的故障和修复情况报行车调度员
3	车站督导员	（1）接到值班站长安全门故障的通知后，立刻到站台协助处理。 （2）手动打开部分门（确保没有连续不能开启的门即可）上下乘客

三、一对安全门不能关闭的处理办法

步骤	负责人	处 理 办 法
1	站务员	（1）若故障信息是司机关门时发现的，需到故障安全门处确认是否有物体阻碍其关闭： ①若有则取出，告知司机重新关闭安全门； ②若安全门仍不能正常关闭，则用专用钥匙隔离将该安全门LCB打到"手动"位，手动关闭安全门后通知司机。 （2）客流高峰期可保持该车门为"常开"
2	车站督导员	（1）报告行车调度员和故障报警中心。 （2）安排巡视岗在故障门处监控候车乘客，防止乘客落轨

四、多对安全门不能关闭的处理办法

步骤	负责人	处 理 办 法
1	站务员	（1）收到故障信息后，在司机关闭车门、安全门后须逐个确认不能关闭的安全门与列车间的空隙安全。 （2）按照"没有连续的不能开启的门"的原则切除部分安全门上下乘客，加强对未关闭安全门的监控，确保安全。 （3）维护好站台秩序，防止乘客落轨
2	车站督导员	（1）接到故障信息后，到站台处理。 （2）到故障侧头端操作PSL进行"互锁解除"
3	值班站长	（1）将故障信息报行车调度员和故障报警中心。 （2）督促、跟进安全门维修情况，并将安全门的故障和修复情况报行车调度员。 （3）安排巡视岗监控处于"打开"状态安全门处的乘客，防止乘客跳下轨道

注意：列车进站或停在车站时须停止对安全门的维修

五、站台安全门玻璃破碎或破裂的处理办法

步骤	负责人	处 理 办 法
1	站务员	（1）站务人员应使故障门处于"常开"状态，并指派站务人员在故障站台站岗监护，以防止乘客或物品掉入轨道。 （2）将破裂玻璃用封箱胶纸粘贴，防止突然爆裂；已破碎应马上进行清理，同时防止玻璃碎片掉入轨行区；使用"U"形铁马扎放于破碎门前做好防护
2	综控室人员	（1）综控室告知控制中心并要求列车进出站时进行相应的限速。 （2）通知故障报修中心。 （3）站务人员应保护好现场。

注：以上站务岗位以北京京港地铁有限公司为例，其他公司在具体岗位上有所不同。相关资源见二维码18。

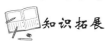**知识拓展**

二维码18

一、门控单元 DCU

DCU（Door Control Unit）——门体控制单元，是滑动门电机的控制装置，控制每一对安全门门扇的开关动作。每个滑动门单元都配置一个DCU（见图3-39），控制无刷直流电机，进行滑动门的开关门动作，并采集安全门的各种状态、故障信息发送至PSC。

全高安全门的DCU安装在顶箱内，由控制单元、驱动单元、接口单元及相关软件等组成。控制单元采用的是16位微处理器，具有高速数字处理能力；驱动单元用于驱动电机并处理门锁的开启锁闭功能。接口单元包括开关门信号输入、电磁锁信号输入、电机霍尔传感器信号输入、LCB信号输入、应急门信号输

图3-39　DCU实物图

入、电磁锁控制信号输出、电机驱动输出、声光报警输出、RS485总线接口。一般DCU软件采用C语言进行编写，不同品牌安全门的程序各不相同。

DCU还需要执行系统级和站台级等级别设备发来的控制命令，所有的控制命令要作用于门扇均须通过DCU的指令才可传达。当个别门DCU故障时，不影响同侧其他安全门的正常工作。

二、常用术语

缩　　写	中文名称	备　　注
PSD	安全门	包括全高安全门和半高安全门
ASD	滑动门	
FIX	固定门	

续上表

缩　写	中文名称	备　注
EED	应急门	
MSD	端门	PSD 端门位置的紧急门
DSD	司机应急门	
PSC	中央接口盘	控制柜包括单元控制器和配电盘单元
PSA	远程监视设备	
PSL	就地控制盘	控制盘用于操作所有的站台 PSD 或安全门
PEDC	单元控制器	单元控制器运行大多数所需的 LCP 功能
DCU	门控单元	
LCB	就地控制盒	
UPS	不间断电源	
SIG	信号系统	
IBP	综合后备盘	
ODI	门状态指示灯	
MCBF	平均无故障周期	
MDT	平均停机时间	
MTTR	平均维修时间	
LPSU	就地供电单元	
ISCS	主控系统	
PDP	配电盘	控制柜包括 PSD 和安全门的配电设备
ERM	紧急释放机械装置	
RTU	前端处理机	
SMT	系统维护工具	便携式手提电脑
LRU	可快速更换单元	
WPSD	西屋 PSD 公司	

三、系统主要参数

(1) 安全门无故障使用次数不小于 100 万次;

(2) 安全门总高度(自由高度):2550mm;

(3) 每侧滑动门的数量:32 道(2 扇一道);

(4) 滑动门的净开度(自由幅度):1900mm(首末滑动门除外);

(5) 每侧端门数量:2 扇;

(6) 端门活动门的净开度:1200mm;

(7) 每侧应急门数量:8 道(对应每节车厢各设一道,2 扇一道);

(8) 每扇应急门净开度:不小于 1100mm;

(9) 司机手推门净开度：1200mm；

(10) 滑动门、应急门、端门、司机手推门的净高度：2050mm；

(11) 滑动门开门行程时间：(2.0±0.1)s～(3.5±0.1)s 范围内无级可调；

(12) 滑动门关门行程时间：(2.5±0.1)s～(4.0±0.1)s 范围内无级可调；

(13) PSC 发出命令至安全门动作时间：≤0.3s；

(14) 门已关闭信号反馈到 PSC 的时间：≤0.3s；

(15) 一侧站台所有滑动门的启闭时间差：≤0.3s；

(16) 设计寿命：正常维护条件下，系统整体使用寿命≥30 年；

(17) 自动关门力：<150N/门在起始点上 200mm；

(18) 手动开门力：<133N；

(19) 速度：0.1～0.75m/s；

(20) 障碍探测：任何体积>5×40mm 的物体，都会启动障碍物探测系统；

(21) 最大人群荷载：1500N/m，施加在 1.2m 高、100mm×100mm 宽的板块上；

(22) 运行电压范围：100VDC +/-10%；

(23) 安全门应满足地铁线路车辆、限界、信号及行车组织要求，满足列车停车精度±300mm 的要求；

(24) 在最大叠加载荷工况下，全高安全门门体最大变形量不能超过 10mm，安全门轨侧外沿在任何情况下均不得侵入列车动态包络线，以保证列车的行车安全；直线站台安全门横向限界暂定为有效站台内距离线路中心线：1565mm+10mm，最终限界尺寸在设计联络阶段确定；

(25) 站台板设计有 2‰ 的坡度，安全门顶线、底线与站台装修完成面的坡度应保持一致；

(26) 车站安全门安装范围内均有结构变形缝，安全门底座在变形缝处采用不穿透土建结构的螺栓固定，保证变形缝的伸缩不会对门体造成影响；

(27) 系统机械结构的设计具备三维调节能力，除满足安装调整以外，还应考虑吸收车站土建结构形变量不少于±35mm；

(28) 安全门设备室温度为：5～27℃；最大相对湿度：90%；站台侧温度：5～30℃；轨道侧温度：0～45℃；最大相对湿度：95%；

(29) 安全门安装中心至轨道中心线的安装误差不得超出 0～+10mm 误差范围；立柱中心线和站台平面垂直（站台纵向坡度 2‰），不垂直度应小于 1.5mm；

(30) 每侧安全门门体应保证整体等电位，并与钢轨可靠等电位连接（为了保证乘客的舒适度及安全，进行门体接轨处理，每侧站台上的门体应在系统内部采用等电位连接，然后每侧站台的单列门体设置一个与钢轨的连接点，保证钢轨到站台安全门门体上任何一点的总电阻都小于 1Ω；全线车站站台边缘应作绝缘处理，门体结构对地绝缘值应大于或等于 0.5MΩ，使得乘客正常候车时或上下列车时的安全性得到保证）。

复习思考题

1. 写出站台安全门的主要机械组成部分。

2. 根据所学知识完成表 3-2。

表 3-2

	固定门	滑动门	应急门	端门	司机门
英文缩写					
位置	安全门上凡不能打开的门	正常停车时与列车车门一一对应	每节车厢对应一道,具体位置视站台实际情况而定	位于站台两端头,垂直于站台边线布置	站台加长端
数量/每侧站台	—	24 道	6 道	2 扇	个别车站
手动开门装置	站台侧					
	轨行侧					

3. 站台安全门控制系统的组成和控制方式有哪些?
4. 简述使用就地控制盘 PSL 进行站台安全门的开关操作流程。
5. 简述多对安全门不能关闭的处理办法。

项目四 低压配电与照明系统

【教学目标】

1. 掌握低压配电系统的构成、负荷分类及供电方式；
2. 掌握照明系统的分类与主要设备；
3. 掌握 UPS、EPS 作用与区别，了解基本原理；
4. 掌握照明系统的事故(应急)照明工作原理；
5. 掌握低压配电与照明系统的日常巡视注意事项。

【建议学时】

8 学时

【知识体系与任务关系图】

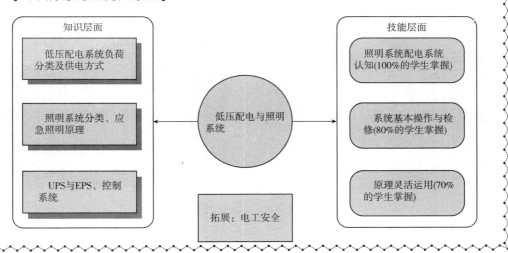

任务一 低压配电系统的认知

思考： 地铁车站哪些地方需要用电？

牵引用电：列车运行。

其他设备用电：照明、空调、通风、给排水、通信、信号、防灾报警、电梯、自动扶梯。如图 4-1。

a) 照明要用电

b) 检票要用电

c) 调度指挥要用电

d) 买票要用电

e) 信号要用电

f) 电梯运行要用电

图 4-1　地铁用电设备

思考：手机与手机充电器是如何实现充电过程的？电从哪里来？

一、低压配电系统

低压配电系统主要用于为车站电气设备（消防设备、通信信号 AFC 设备、通风设备、给排水设备等）提供 380VAC 三相或 220VAC 单相电源。低压配电系统与供电系统的专业接口在 400V 低压开关柜进线开关上口；与末端用电设备系统的专业接口在末端用电设备控制箱进线开关上口。

低压配电系统是以降压变电所为基础，将城市电网 10kV 中压配电降压为 380/220V 或 660/380V 的低压电，是地铁配电系统的重要部分，主要作用是为低压设备提供和分配电能。

项目四　低压配电与照明系统

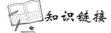

地铁第三轨一般采用的供电制式为直流750V。架空式接触网一般采用的供电制式为1500V。

图4-2所示为供电系统与外部电源的供电系统图,虚线2上方为外部供电系统,虚线2下方为地铁供电系统,以地铁牵引变电所为主的牵引供电系统和以降压变电所为供电起始端的低压配电及照明系统。

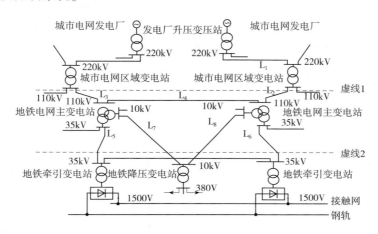

图4-2　供电系统结构图

思考:用一张电路原理图将上图简化,表现出外部供电的基本原理框架。

从上述内容可知,地铁车站中的电力供应来自城市电网,经由地铁的高压供电系统的降压变电所,产生车站设备需要的低压电。那么作为复杂的地铁系统,对于低压配电系统来说,它需要具备哪些重要的特点和地位呢?

低压配电系统在城市轨道交通中占据举足轻重的地位,它的可靠性、安全性决定了通信、信号、设备监控(BAS)、自动售检票(AFC)、防灾报警(FAS)以及消防等系统的运行质量;尤其体现在非正常工况状态下,它是地铁正常运营不可缺少的重要保障。总的来说,低压配电系统的作用是将低压电力安全、可靠、合理地配置给各个用电负荷。其具体要求如下:

(1)安全性:能够尽量防止人身触电、保证设备的正常运行,发生火灾时保证供电的正常进行。

(2)可靠性:保证地铁运营时刻的持续不间断供电,保证运营高峰时期的用电负荷容量(开关/线缆/变压器),保证良好的电力质量,保证过电流过电压的继电保护,保证恶劣气候下地铁的可靠运行。

(3)合理性:保证重点负荷的供电,经济运行,节约用电。

那么,为了保证低压配电的安全性、可靠性和合理性,在对低压配电系统进行系统设置时,衍生出相关的系统与设备。下面我们作具体介绍。

57

想一想：在图4-1中,哪个设备是你认为最重要的,哪个是相对次要的?当发生突发情况,无法保证所有设备的正常供电时,你有什么好办法吗?

二、低压配电系统的负荷分类与配电方式

1. 车站用电负荷等级

根据用电设备的不同用途和重要性,车站用电负荷分为如下三级:

(1)一级负荷:包括通信系统、信号系统、火灾报警系统、气体灭火系统、机电设备监控系统、安全门、自动售检票设备、消防泵、废水泵、防淹门、站控室、车站风机及其风阀等。

(2)二级负荷:包括污水泵、集水泵、扶梯、电梯、轮椅牵引机、民用通信电源、维修电源及冷水机组油加热器等。

(3)三级负荷:包括冷水机组、冷冻水泵、冷却水泵、冷却塔风机、电开水器、清扫电源等。

2. 根据不同负荷等级,提供不同的配电方式

为了保证重要设备的电力供应,低压配电系统将在应急时刻,将集中力量保证一级负荷的电力供应,尽量保证二级负荷的电力供应,切断三级负荷的电力供应。仅仅如此,仍不能满足电力可靠性的要求,因此在配电时,根据不同负荷等级,提供不同的配电方式。

(1)对降压所直接供配电的一级负荷设备(如通信系统、信号系统、站控室、废水泵等),系统由降压所低压柜两段母线各馈出一路电源至设备附近的双电源切换箱,经电源切换箱实现双电源末端切换后再馈出给设备,两路电源正常时一路工作,一路备用,并可互作备用。同时,配置应急电源,以保证在两路电源均失电情况下仍能够正常配电。

在此,两路互为备用,且可以不间断地自动投放的电源系统称为不间断电源系统(即UPS)。

(2)对降压所直接供配电的二级负荷设备(如自动扶梯、工作人员电梯、污水泵、集水泵等),系统由降压所低压柜其中一段母线馈出一路电源至设备附近的电源配电箱后再馈出给设备。如果突然中断,负载将不能正常运行,在一定的程度上造成一定的损失,即需要建立具有备用电源的供电系统(如专门用于应急供电的电源系统为EPS电源系统EPS)。

(3)对降压所直接供配电的三级负荷设备(如环控三类负荷、活塞式冷水机组、离心式冷水机组、空调机、空调新风机等),系统由降压所低压柜其中一段母线馈出一路电源至设备附近的电源配电箱后再馈出给设备。

练一练:请结合前面所学知识,总结为表4-1。

低压配电系统的负荷分类与配电方式　　　　　　　　　　表4-1

负荷类型	相关设备	配电方式
一级负荷		
二级负荷		
三级负荷		

三、UPS 与 EPS 电源

在前文所述中,我们可知,一级负荷、二级负荷根据其重要性,配置UPS和EPS电源系

统。那么,什么是 UPS 和 EPS 呢?

1. 认识 UPS 电源系统

UPS 是英文 Uninterruptable Power Supply 的缩写,中文译为"不间断电源";它是能够实现两路电源之间不间断地相互切换的电气装置;从严格意义上讲,UPS 不是一种电源,它不是依靠能量形式的转换来提供电能,它只是提供一种两路电源之间无间断切换的机会,如图 4-3 所示。

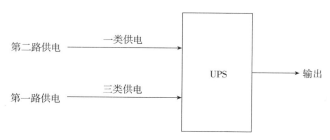

图 4-3　UPS 的基本原理

UPS 的主要作用——解决电网中的骚扰。

骚扰(disturbance):任何可能引起装置、设备或系统性能降低或对有生命、无生命的物质产生损害作用的现象。

干扰(interference):由骚扰引起的设备、传输通道或系统性能下降的现象。

从严格意义上讲,"骚扰"和"干扰"是两个不同的概念:

"骚扰"是一种客观存在的现象;

"干扰"是一种在"骚扰"作用下,使敏感设备受到影响时的现象。

[根据《工业、科学和医疗(ISM)射频设备骚扰特性限值和测量方法》(GB 4824—2013)的标准词汇,选用"骚扰"一词]

停电:短时间的、长时间的……

电压变化:电压跌落、过电压、欠电压、电压尖峰、三相不平衡……

2. UPS 系统的工作原理

UPS 的分类较多,在此以保障性较强的双转换式 UPS 为例进行讲解。

双转换式(Double-Conversion,又称为在线式 On-Line),基本组成为整流器/充电器、逆变器、静态开关(静态旁路)、手动旁路开关(手动维修旁路)、电池、逆变器串联在交流输入和负载之间,如图 4-4 所示。UPS 电源系统包括了如下几种具体运行模式:

(1)正常运行方式

正常运行方式(见图 4-5):提供给负载的所有电力都经过整流/充电器和逆变器的双重转换(AC-DC-AC),双转换模式因此而得名。整流器/充电器对电池进行浮充电以保持电池处于满充状态。

(2)电池后备运行方式

市电停电或超限、电池放电工作方式:当交流输入电压超出 UPS 允许的容限范围或市电中断时,逆变器和电池无间断地投入,继续为负载供电。UPS 将持续运行直到电池放电时间终止，或在市电恢复正常时回到正常运行方式。UPS电池后备运行工作原理，如图4-6所示。

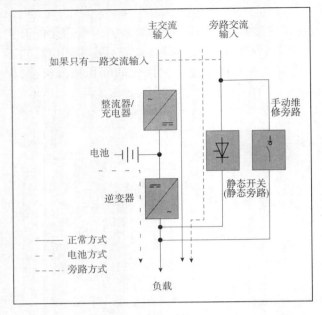

图4-4 UPS的工作原理

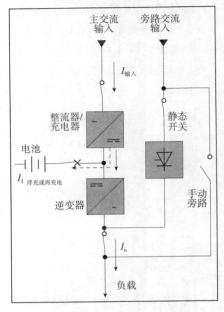

图4-5 UPS正常运行工作原理

(3) 恢复充电运行方式

市电恢复正常（充电）工作方式：提供给负载的电力都经过整流/充电器和逆变器的双重转换，同时整流器/充电器开始给电池进行恢复性充电。UPS恢复充电工作原理，如图4-7所示。

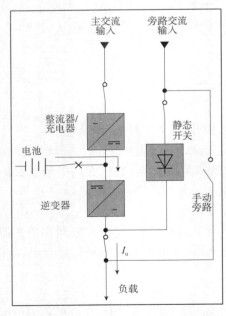

图4-6 UPS电池后备运行工作原理

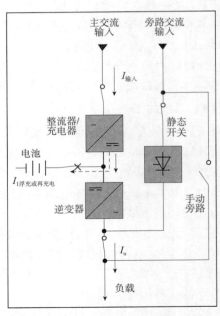

图4-7 UPS恢复充电工作原理

(4)旁路运行方式

当停止逆变器时,负载可以无间断地切换到旁路交流输入(根据安装方式的不同由市电或后备电源供电)。引起旁路运行的原因可能是:UPS 内部故障;负载电流瞬变电流尖峰(冲击电流或故障电流);人为停止逆变器。UPS 旁路运行工作原理,如图 4-8 所示。

(5)维修运行方式

UPS 维修时,通过手动的方式将负载无间断地切换到维修旁路。这样可以将 UPS 的内部进行隔离,在不中断负载的运行的情况下对 UPS 进行维护和维修。

整流器/充电器,逆变器和静态开关被关闭并从主电源隔离出来。电池被其保护型断路器隔离。UPS 维修运行工作原理,如图 4-9 所示。

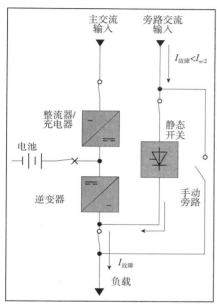
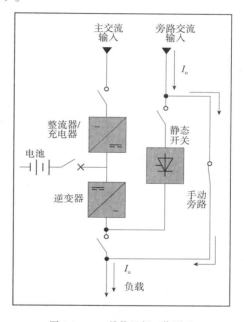

图 4-8 UPS 旁路运行工作原理　　图 4-9 UPS 维修运行工作原理

3. 认识 EPS 电源系统

EPS 电源系统(EPS,即 Emergency Power Supply)应急电源。

在城市轨道交通中,后备式应急电源柜(EPS)能为 24 座车站应急照明设备提供应急电源,在正常照明灯因事故熄灭时,保证应急照明设备安全、连续地正常使用,从而避免出现因人员慌乱造成的不安全事件。

应急电源在市电正常时,市电输出给所带负载供电,其中一路给蓄电池充电;市电故障时,由蓄电池逆变输出给所带负载供电;检修时需打到旁路检修状态进行检修(见图 4-10)。

其与 UPS 的重要区别主要表现在只能解决市电停电时的应急供电;不能消除电源二扰;且需 0.8~4s 的间断转换时间。

如图 4-11,EPS 电源的构成主要包括主机柜和电池柜。主机柜与电池柜内部有大量的电气元件保证设备正常运行;同时,均配有巡检仪,用于显示系统的运行情况,如有异常会及时显示。其内部结构在此不作为重点讲解。

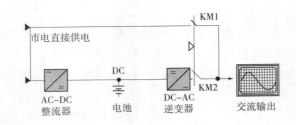

图 4-10 应急电源工作原理图

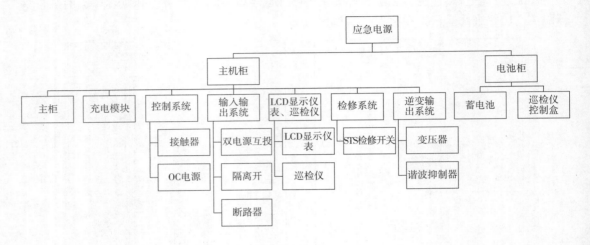

图 4-11 EPS 电源的构成

四、低压配电系统其他设备

低压配电系统用于低压配电功能的设备元件,主要由 400V 低压开关柜、双电源配电箱(柜)、配电箱(柜)、低压配电线路组成。

1. 低压开关柜

(1) 低压开关柜的定义。低压开关柜是一个或多个低压开关设备和与之相关的控制、测量、信号、保护、调节等设备,由制造厂家负责完成所有内部的电气和机械的连接,用结构部件完整地组装在一起的一种组合体。中央控制室的计算机系统可与其联网;对各供配电回路的电参数进行监测;对断路器进行监视、控制;实现四个遥控。

(2) 低压开关柜的特点:结构紧凑、易于维护;预防/避免事故发生;减少设备维护和检修时间;实现数据资源共享;智能化。

(3) 低压开关柜的分类:低压开关柜为封闭式户内成套设备,一般采用抽屉式柜体,便于运营维护。此种柜体也是目前低压柜的发展趋势。主要分为以下几类,名称及功能见表 4-2。

400V 低压开关柜(见图 4-12)主要功能是将来自于两台不同变压器的 400V 电源放射式配电给各用电负荷,同时拥有对两台变压器电源的母联功能。

项目四 低压配电与照明系统

低压开关柜的分类　　　表4-2

序号	名称	功能
1	母联柜	分配母线之间的电能传递,投切
2	馈线柜	分配电能
3	进线柜	接收电能并传递给主母线、配电母线
4	电机控制柜	风机、风阀等机电设备的控制
5	电容补偿柜	进行无功补偿,提高功率因数

图4-12　400V 低压开关柜

2. 双电源配电箱(柜)

双电源配电箱(柜)主要功能是将来自于400V 低压开关柜不同母线的380V 电源配送给一级用电负荷。

双电源切换的原理通常采用接触器继电器搭接方式(见图4-13)或设置双电源自动切换装置方式(见图4-14)。一般实现双电源切换的断路器和接触器不带有过载保护,但均应具有灭弧功能。

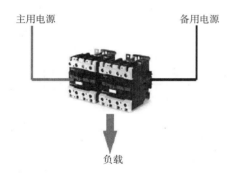

图4-13　接触器继电器搭接方式

图4-14　双电源自动切换装置方式

3. 配电箱(柜)

(1)配电箱(柜)主要功能:是为各类用电负荷配送380VAC 和220VAC 电源,并对配电线路进行电气保护。

(2)配电箱(柜)内主要电气元件:是各类分断开关和接触器(见图4-15c)。分断开关包括:隔离开关、负荷开关、断路器,如图4-15a)和 b)所示。

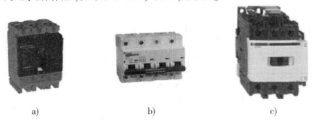

a)　　　　　　　　　b)　　　　　　　　　c)

图4-15　电气元件
a)塑壳断路器;b)微型断路器;c)交通接触器

63

①隔离开关主要用于分断电路,有明显断开点,但不能带负荷分断电源,且不具有一般电气保护功能。

②负荷开关有隔离功能,有灭弧性能,可以用于带负荷分断电源,但不具有一般电气保护功能。

③断路器不但可以带负荷分断电源,且具有电气保护功能。

4. 电缆线路介绍

(1)电缆、电线的区别:电缆应用于由低压柜馈出至配电箱、双电源箱、控制柜回路、配电箱馈出至设备的连接;绝缘电压等级为1000V。

电线应用于照明设备的连接、配电箱的出线;绝缘电压等级为500V。

(2)电缆、电线的应用。低烟低卤耐火型电缆或电线应用于FAS、EMCS、隧道风机、回排风机、风阀、组合空调箱、排烟风机、防火阀、垂直梯等火灾工况下;低烟无卤型电缆或电线应用于有人值守场所,以保证人身安全。

五、低压配电系统对设备的控制方式

思考:家里和教室里的电灯和家用电器有哪些断电和控制方式?

对于一般的家用电器,其通断电的方法一般至少包括了电器设备上的开关、家庭电源总闸开关两种通断电方法。虽然两种方法的优先级别不同,但是均能够一定程度地影响电器的送电。那么,在自动化极强的城市轨道交通当中,车站设备在不同情况下将采用不同的通断电方式,比如正常情况下一般为远程自动控制、维修时一般为就地控制。下面,我们就简单地对这部分内容进行介绍,让同学们对低压配电相关设备的配电运行有所了解。

图4-16 自动扶梯急停按钮

(1)对通信、信号、站控室、废水泵、电梯、自动扶梯(见图4-16)等由降压所直接供配电的各系统设备,低压配电系统提供电源至各设备附近的配电箱或双电源切换箱;工作人员可在降压所或设备附近的配电箱或双电源切换箱上对各设备作电源通断或切换操作控制。

(2)对环控设备(如空调、风机、水泵等),采用两种控制方式,即就地控制(设备附近)、站控室控制(通过EMCS系统控制)。

(3)对冷水机组及FAS相关设备(如风阀、防火阀、防火卷帘门、挡烟垂幕等)及EMCS系统、AFC系统等设备,低压配电系统提供电源至各设备附近的配电箱或电源切换箱;工作人员可在环控电控室或设备附近的配电箱或双电源切换箱上对该设备作电源通断或切换操作控制。

低压配电系统作为车站设备重要的"血液源头"无处不在。低压配电系统的可靠性与安全性是保证整个地铁得以正常运行不可或缺的重要环节。

因此,通过此部分内容的学习,请同学们对低压配电系统有一个基本的认识,对保证可靠性的电源系统有一个基本的掌握,并能够对UPS和EPS进行区分。

项目四 低压配电与照明系统

任务二 照明系统认识与日常检查

地铁照明系统即是地铁得以明亮的关键设备,同时也具有美化作用。因此,在进行地铁照明系统的布置时,其明亮度、艺术性均受到了广泛的关注。下面,我们对于照明系统的要求、分布种类及其控制等内容进行具体介绍。

一、照明系统的设置要求

为了提高乘客的舒适度,保证乘客在候车和换乘的过程当中,有足够的亮度,在进行照明系统设置时,需要至少满足以下几个设置要求与原则。

1. 避免使出入地铁的人员感受过大的亮度差别

为了实现这一要求,地铁的照明系统的不同区域均有一定的照度(亮度)限制,如表4-3所示。

部分地铁照明系统照度表　　　　　　表4-3

位置	照度(lx)	度量位置	位置	照度(lx)	度量位置
车站控制室	300～500	工作面	站台值勤室	300	桌面
出入口(有篷)	300	地面	自动扶梯两端	250	地面
站长室	300	桌面	楼梯间	200	地面
客务中心	300	桌面	站台边缘	200	地面
公安值班室	300	桌面	站厅一般范围	180	地面
装置及设备室	300	桌面	票闸范围	180	地面
会议室	300	桌面	售票机范围	180	地面

想一想:你能发现表4-3中照度的规律吗?

2. 保障停留在地铁内人员的安全和感觉的舒适

为了提供舒适的环境,地铁中的灯具布置需要具备照度充足均匀、维修方便、安全、灯泡安装容量小、布置整齐美观、与建筑空间相协调、光线射向适当、无眩光、无阴影的特点。如图4-17所示为大气美观的地铁车站照明系统。

图4-17 地铁照明效果图

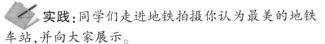**实践**:同学们走进地铁拍摄你认为最美的地铁车站,并向大家展示。

3. 光源的光色和灯具的安装位置都不应导致与信号图像相混淆

在地铁车站中,标志清晰异常重要,因此,灯具的颜色一般设置为正常白色,不能因为美观等考虑设置为其他颜色,如红色、绿色这种具有特殊指示含义的灯具。

4. 要注重节能环保

在地铁中,为了实现节能,照明系统不同时期会进入不同模式,并设置了自动开关时间。如表4-4所示。

北京某地铁公司的照明系统在不同季节开关时刻表　　　表4-4

季节	春季 3~5月	夏季 6~8月	秋季 9~11月	冬季 12~次年2月
开关时间	开：先天17:30 关：次日06:30	开：先天18:30 关：次日06:00	开：先天17:00 关：次日07:00	开：先天16:30 关：次日08:00

此外，照明系统会根据实际情况进入正常模式与火灾模式。同时，照明系统配置有专门的节电照明。详情参见"任务三"。

5. 车站照明灯具布置要因地制宜

灯具选择过程中要根据亮度的要求、颜色以及节能的角度来考虑。地下车站照明以荧光灯为主，事故照明采用荧光灯或节能灯。区间照明及站台下、折返线查坑、车辆段检查坑内的安全照明采用节能灯。随着科技的发展，LED 灯具也日益发挥其节能耐用的优势，得到了越来越多的应用。另外，不同位置的照明需要具备其自身的特点，应进行特别的设计。以下即为不同区域的常用灯具及要求说明：

（1）区间照明灯具应具有防水、防尘、耐腐蚀的特点，还应具有一定的遮光性能。光源一般采用 60W 白炽灯、节能型荧光灯。

（2）车站站厅、站台公共区照明以嵌入式格栅灯和筒灯为主。

（3）无吊顶房间照明采用吊管形式荧光灯和筒灯为主。

（4）有吊顶房间照明采用嵌入式格栅灯、筒灯和吸顶灯。

（5）有火灾危险的场所照明采用防爆灯。

教学建议：安排学生课余时间搜寻目前广泛应用的节能灯，经比较后评选出性价比最高的节能灯具。

二、照明系统的分布种类

从负荷划分来说，照明系统又分为不同的类型。下面，我们对照明系统的种类与配电的方式等内容进行介绍。

1. 一般照明、工作照明

一般情况下，车站站台、站厅的两端各设置一个照明配电室，室内集中安装各类照明配电控制箱。在站台两端各设置一个事故照明装置室。一般照明、节电照明、设备及管理用房照明的电源，分别在降压所的低压柜两段母线上各馈出一路电源，与照明配电室的两个配电箱连接，以交叉供电方式，向站台、站厅、设备及管理用房供电。

2. 事故照明（应急照明）

事故照明作为车站发生突发状况的"救命灯"，保证其正常的供电尤为重要，以北京地铁某车站为例，主照明熄灭时应急照明持续时间：南端乘客服务中心 30′、北端乘客服务中心 30′、南端环控电控室 60′、北端环控电控室 60′、车站控制室 60′、计算机室 60′、票务室 60′、通信设备室 60′。相关资源见二维码19。

事故照明为地铁低压配电设备中的一级负荷，采用的配电方式参见前文。

事故照明也称为应急照明，是地铁发生意外时，正常照明失电的情况下，事故照明将会自动启动。其电源的运行原理，参见前文"EPS 电源系统"的介绍。

二维码19

事故照明的设置方式如下：
(1) 重要房间设置事故照明,其照度为正常照度的 10% 左右；
(2) 站内通道每隔 20m 设标志灯,距地面小于 1m；
(3) 站台、站厅及出入口为长明灯,不设集中控制；
(4) 侧墙上诱导标志灯间距 10～15m,高度距地面 1m；
(5) 安全(疏散)出口标志灯应安装在出口的顶部或靠近出口上方的墙面上,见图 4-18；
(6) 标志灯的下边缘距门的上边缘不宜大于 0.3m,并与疏散方向垂直；
(7) 标志灯的方向应指向最近的安全出口；

a) 安全出口标志

b) 左行标志　　c) 下行标志

图 4-18　安全出口位置示意图　　图 4-19　常见疏散诱导标志图

(8) 当安全出口或疏散出口位于疏散走道侧面时,应在其前方位置的顶棚下设置疏散标志灯(见图 4-19)。

3. 广告照明

广告照明分布于站台、站厅公共区,采用日光灯灯箱的形式。一般由照明配电室配电箱统一分配供给,而在某些地铁车站,三级负荷的广告照明与正常的其他照明的供电电源是分开的。

4. 区间隧道照明

区间隧道照明均安装在地铁隧道两侧壁,如图 4-20 所示。其中,一般照明由设在站台两端隧道入口处区间隧道一般照明箱配出,每间隔 20m 一个,一般为 70W 高压钠灯；疏散照明每间隔 20m 一个,一般为 36W 荧光灯；指示照明,出口指示牌照明每间隔 50m 设置一个,各不同属性照明交叉设置。

图 4-20　隧道区间供电图

三、照明系统的控制

照明系统的控制总的来说主要有就地级控制、照明配电室控制、EMCS 系统集中控制(自动控制)和低压配电室控制。

1. 就地级控制

各设备及管理用房进门处设有就地开关盒,可控制相应设备及管理用房的一般照明。
区间隧道一般照明受设于隧道两端入口处的区间隧道一般照明配电箱控制。

2. 照明配电室控制

照明配电室设有相应照明场所的照明配电箱,可在室内集中控制相应场所的一般照明、节电照明、事故照明及广告照明。如图4-21和图4-22所示为照明配电箱。其下方的开关标记由左到右依次为：信号、环控、机房照明；厕所、环控、机房照明；通信、环控、电控室照明；出入口照明等。

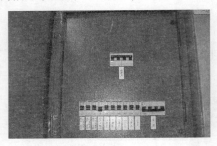
图4-21 照明配电箱

图4-22 照明配电箱内部示意图

3. EMCS 系统集中控制

EMCS系统集中控制主要指通过机电设备监控EMCS实现控制。在其控制下，事故照明应具有防灾报警系统集中强启动功能，照明系统通过读取车站列车接发系统或旅客引导系统的信息，合理启闭站台灯具的点亮情况。

其主要功能有：

（1）具有系统联网自动控制及人工控制功能；

（2）按车次信息进行自动启闭灯具和降功率二次节能的功能；

（3）具有人工干预功能：可对列车晚点、更改站台股道、加开临客、车次停运进行人工干预；

（4）具有查询功能：可按站台、车次等查询照明工作情况，按通道、终端查询设备参数情况；

（5）具有检错功能：线路、接口设备，终端逻辑控制编、译码器故障均能自动显示在监视器上，对操作人员的错误操作具有汉字提示及操作指导；

（6）具备直接发送功能：可直接向任一控制终端发送干预信息。

除了上述控制方式外，在各个控制照明的配电箱，低压配电室的开关柜也可以对照明系统进行控制，在此不赘述。

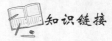

各系统供电控制

设备用房照明就地控制→照明配电室→EMCS系统集中控制→低压配电室。

站厅、站台公共区照明/出入口照明、广告照明/站台板下安全照明/照明配电室控制→EMCS系统集中控制→低压配电室。

事故照明：照明配电室控制→EMCS系统集中控制→蓄电池室→低压配电室。

区间照明：隧道口就地控制箱控制→EMCS系统集中控制→（蓄电池室）→低压配电室。

任务三 低压配电与照明系统的操作与巡检

工具准备：控制柜专用钥匙、警示旗（牌）、对讲机等工具。

知识准备：见任务一、二中"低压配电与照明系统认识"。

实施方式：本任务由教师示范操作，学生分组实际操作为教学过程；分组实际操作完毕后,每组抽选一名学生进行实际操作检验,记录平时成绩。

 实训工作页 4-1　照明系统的巡检

操作项目	操作内容	操作步骤
照明系统巡检	找出图中照明系统的问题	 图 4-23
	照明系统改善	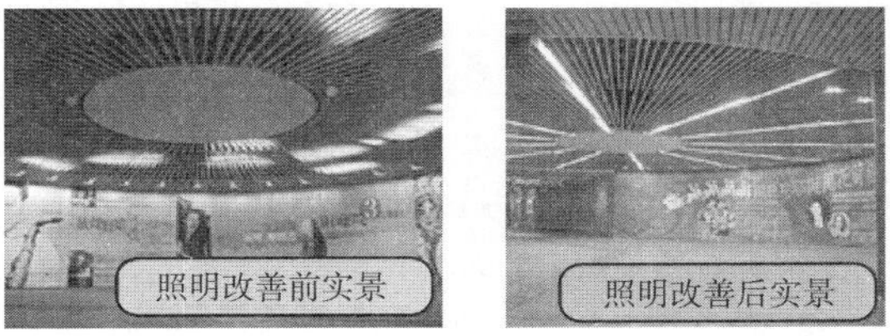 照明改善前实景　　照明改善后实景 图 4-24
	日常巡视项目	①巡视设备外观,即污染、机械损伤等情况; ②巡查设备运行状态,听、看、嗅,查抄电压电流表,有无故障报警指示; ③检测设备运行温度和设备房温度; ④巡查线路外观,即污染、机械损伤、外皮温度、过载老化、接头温度等情况; ⑤巡查灯具,外壳防护、光源;如发现灯具灯头两端变黑,需进行更换; ⑥建立设备巡视记录,记录对比分析各次检查数据

 实训工作页 4-2　低压配电-UPS 电源巡检

操作项目	操作内容	操作步骤	备注
工作前准备	工前准备工作	开始工作前确认个人防护用品(绝缘鞋、线手套、长袖工作服)、施工工具(工具包*1,试电笔*1,手电)已经齐备及穿戴整齐	此项任务一般为地铁工作车站设备维护人员的工作内容。运营站务人员可进行基本了解
检查项目	设备房间环境检查	检查房间环境温度/湿度是否正常,房间内部是否有异味。观察机房卫生情况,是否有其他异物等。如果有不利于安全运行的因素应及时排除。 雨季注意观察设备室墙壁是否潮湿,有无渗漏现象	
	内容:确认 UPS 主机上 LED 指示正常	确认 UPS 主机上 LED 指示正常,面板上有无报警,在液晶显示屏上翻阅报警记录 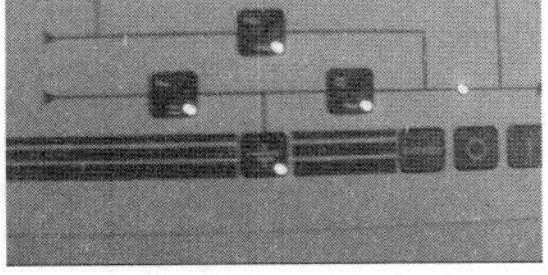 图 4-25	

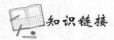

电力系统操作安全规范

对于普通工作人员,设备发生故障时,为了不造成更大范围的影响,由工作人员依照"先通后复"原则及相关规则暂作技术处理,并按手续报专业维修人员进行处理。

当发生严重漏水等事故时,工作人员要立刻暂停诸如自动扶梯等设备运行,以防止设备漏电对乘客造成伤害。

当无法确定设备是否接地或者漏电时,万不可轻易接触带电设备,做好安全防护,保证其接地后再进行操作。

任务四 突发情况下的照明系统应急处理

当地铁发生突发情况时,明亮环境下的乘客疏散极其重要。因此,在地铁中,专门设计了应急照明,并且对各种突发情况设计预案。

在此,以北京京港地铁为例,介绍应急处理流程。

突发情况说明:北京京港地铁某车站的照明系统突然失效,车站的应急处理解决办法见表4-4~表4-6所示。

1. 当部分照明断电时的应急处理办法(见表4-5)

当部分照明断电时的应急处理办法 表4-5

1	向行车调度员报告:报告内容为车站照明系统失效,应急照明已经启用,当时对车站其他系统设备是否存在影响以及影响程度。车站是否有列车及列车的相应位置,车站整体的客流量等情况
2	联系故障报警中心(或指派督导员),获取相应信息;启动紧急维修小组服务
3	立即下达车站紧急疏散指示,通知所有人员将无线电手持台调至直线模式——隧道分线频道
4	通过PA\PIS通知乘客情况稳定乘客情绪
5	通过人力后援控制站要求人力支援
6	按指定位置(根据现场定)就近取用应急照明备品,加强宣传稳定乘客情绪
7	分配员工站于重要位置为乘客提供照明和保护(根据站场应急照明薄弱点而定)
8	保管好票款,适时放慢售票速度
9	加强巡视宣传,维护秩序,向乘客宣传解释,稳定乘客情绪
10	根据客流情况,合理指示督导员关闭部分进站闸机、自动售票机进行客流控制
11	随时做好照明系统无法恢复时疏散乘客的准备工作
12	随时了解现场客流情况,合理调配人员,确保客流可控,保证乘客安全;与故障报警中心保持联系,掌握疏散乘客的时机
13	CUC处理票务工作,并做好与乘客的解释工作

2. 当全部照明断电时的应急处理办法(见表4-6)

当全部照明断电时的应急处理办法 表4-6

1	联系故障报警中心(或指派督导员),获取相应信息;启动紧急维修小组服务
2	立即下达车站紧急疏散指示,通知所有人员将无线电手持台调至直线模式——隧道分线频道
3	通过PA\PIS通知乘客进行疏散

续上表

4	通过人力后援站要求人力支援
5	按指定位置(根据现场定)就近取用应急照明备品,加强宣传稳定乘客情绪
6	保管好票款及有效票证
7	CUC 处理票务工作,并做好与乘客的解释工作
8	立即引导乘客从 A 口出站,阻止乘客进站
9	立即引导乘客从 B 口出站,阻止乘客进站
	立即引导乘客从 C1 口出站,关闭 C1 口,张贴公告,阻止乘客进站
	立即引导乘客从 D 口出站,阻止乘客进站
10	引导乘客出站:从中厅到 A 口
	引导乘客出站:从中厅到 B 口
	引导乘客出站:从中厅到 C2 口
	引导乘客出站:从中厅到 D 口
11	确保所有电梯停止在未受影响的区域,并且没有人员被困其中
12	撤离后关闭出口并张贴通告: u 出口 A
	撤离后关闭出口并张贴通告: u 出口 B
	撤离后关闭出口并张贴通告: u 出口 C2
	撤离后关闭出口并张贴通告: u 出口 D

3. 突发事件控制方式(见表 4-7)

突发事件控制方式　　　　　　　　　　　　　表 4-7

1	接到 OCC 的指示任命当值的值班站长为临时事故处理主任指挥事故处理,直到事故处理主任到达为止
2	在适合的地点设置事故控制站,张贴重大事故控制站通告
3	通知车站维护人员在事故控制站安装一部临时电话
4	当值事故处理主任到达后交接事故处理主任职责
5	当事故处理主任到达现场后向其汇报详情,接管事故处理主任助手的职责
6	携带好手持台在出口 D 等待紧急服务人员并带他们到达事故控制站
7	利用在地面贴标志的方式设置进站路线:从出口 D 到事故发生地点
8	利用在地面贴标志的方式设置出站路线:从事故发生地点到出口 D
9	在集合地点清点承包商和工作人员人数并报告给事故处理主任
10	撤离后,检查站台是否还有乘客并将结果报告给事故处理主任
	撤离后,检查站厅是否还有乘客并将结果报告给事故处理主任
11	在照明修复后,根据事故处理主任的命令,同时根据事故工程师的认可,决定全面或局部重新开站

知识链接

以北京地铁某车站为例,表 4-8 为地铁低压配电与照明中不同模式下的照明开启关闭情况表,仅供了解。

表 4-8 北京市某地铁低压配电与照明中不同模式下的照明开启关闭情况表

西小口站切非程序表（一）

低压 400V 开关柜馈线

设备编号	416-4	416-5	416-6	416-10	416-12	416-13	417-6	417-7	417-8	418-1	418-3	418-4	418-5	418-7	418-8	418-9	419-1	419-4	426-4	426-5	426-6	426-10	426-13	426-12	427-6	427-7	428-1	428-2	428-3	428-5	428-6	428-7	428-8	429-3	427-8
设备名称	站厅北端工作照明	站厅南端节电照明	站厅北端附属照明	站台北端工作照明	站台北端附属照明	站台南端节电照明	站厅北端电气插座	A出入口电梯	站厅南端电梯	C出入口扶梯	通风空调电控柜组2	北端区间动力检修箱	A出入口扶梯	站厅北端广告照明	站厅南端广告照明	冷水机组配套设备1	冷水机组1	三级负荷总开关	站厅南端工作照明	站厅北端节电照明	站厅南端附属照明	站台南端工作照明	站台北端节电照明	站台南端附属照明	污水泵设备	南端区间动力检修箱	B出入口扶梯	通风空调电控柜组2	D出入口扶梯	站台北端广告照明	站台南端广告照明	冷水机组配套设备2	冷水机组2	三级负荷总开关	变电所检修配电箱
正常模式 全开																																			
正常模式 全关																																			
正常模式 半开																																			
火灾模式 站厅、站台公共区火灾	×	×				×	×	×	×	×		×	×	×	×	×	×		×	×		×	×		×		×		×	×	×		×		×
火灾模式 北端设备管理用房火灾							×					×	×			×	×				×		×		×		×	×	×	×		×	×		×
火灾模式 南端设备管理用房火灾			×		×				×	×												×		×	×	×			×						×

说明：①"×"为切断状态，"—"为不进行控制操作。
②400V 低压馈线：任意区域发生火灾延时 20s 全部切断。
③设备用房应急电源回路：任意区域发生火灾时设备用房应急照明回路强启。
④垂直电梯电源：当任意区域发生火灾时垂直电梯都联动迫升至疏散层，FAS 收到电梯控制箱返回的电梯开门状态信息后，切断电梯的电源。

复习思考题

1. 简述低压配电系统的系统构成。
2. 低压配电系统设备的负荷分类？不同负荷的供电方式有何区别？
3. 低压配电系统的控制方式有哪些？
4. 照明系统的设置要求有哪些？
5. 简述 UPS 与 EPS 的概念与区别、基本原理。
6. 低压配电与照明的日常巡视内容有哪些？

项目五 车站给排水系统

【教学目标】

1. 掌握车站给排水系统的功能;
2. 掌握车站给水与排水方式;
3. 掌握车站排水系统的分类;
4. 了解给排水的应急处理办法。

【建议学时】

4 学时

【知识体系与任务关系图】

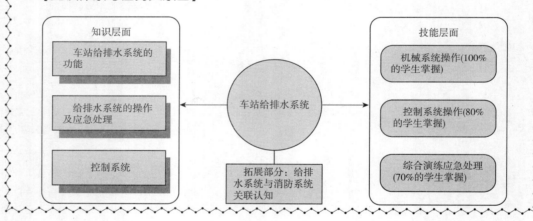

任务一 车站给排水系统认知

地铁车站作为工作人员工作和生活的区域,不论是工作人员还是空调等设备均离不开水。同时,雨季来临时,地下车站为保证安全,排水也是重要的课题。本任务将对车站给排水系统进行简单介绍。

一、给水系统

1. 车站给水系统功能

地铁车站给排水(包括水消防)系统设备主要有以下作用:
(1)提供地铁运营所必需的生产、生活,消防等用水。

(2)收集和排出生产、生活、消防等产生的废水、污水及地下结构渗漏水、雨水等。

(3)提供完整的水消防系统,保证地铁的安全、正常运营。

2. 车站给水方式

地铁的生产、生活及消防水源取自城市自来水供水管网。消防用水为两路供水,地铁地下车站内不设消防蓄水池,消防增压水泵直接从供水管道抽水加压供消防使用;生产、生活用水为单路供水。

想一想:给排水与消防、暖通空调之间有哪些联系?是否可以单独存在?这说明了什么?

车站给水方式可分为以下三个独立系统:

(1)车站生产、生活供水系统

图 5-1 所示为生活给水设备。

图 5-1　生活给水设备

(2)消火栓供水系统

①地下车站的消火栓系统由城市自来水管网引入两路水源进入车站消防泵房,泵房内设有两台 IS 型单级离心水泵直接从供水管道中抽水加压;消防泵房外的消火栓管道在车站内成环状布置,并与地铁区间隧道内的消火栓管道联通。每个地下车站消火栓增压水泵负责 1/2 区间隧道内消火栓的增压。图 5-2 所示为消防给水布置示意图。

②水幕系统设备用于车站的防火分隔水幕喷头,设在各站站台层的每个扶梯口,由城市自来水管网两路供水。消防泵房内设有两台 IS 型单级离心水泵,该系统增压水泵同样直接从供水管道中抽水加压。管道在车站内成环状布置。水幕系统管道不与其他管道相接。每个车站管网独立组成环路。

(3)冷却循环给水系统(空调用水)

地下车站需设置冷却循环给水系统。冷却循环系统主要由冷却塔、循环水泵、补充水和管道及配件组成。冷却循环水泵布置在车站的冷水机房内;冷却塔一般设置在车站主体结构的地面上。冷却塔台数与冷却循环泵台数对应,一般至少两台,不考虑备用。从生产、生活给水管上引出一根支管作为冷却循环补充用水,接至冷却塔。

冷冻水、冷却水系统知识详见"项目六"。

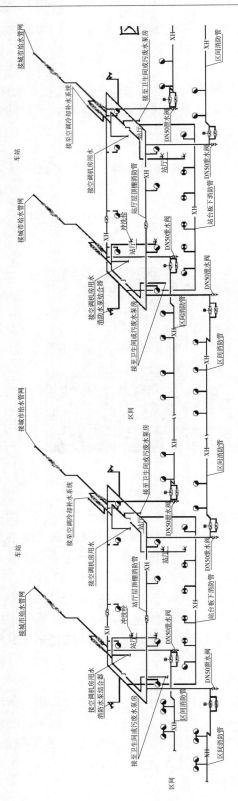

图 5-2 消防给水布置示意图

3. 车站用水量

城市轨道交通地下车站的生产、生活给水管网是独立的内部供水系统,从两根接自市政管网的消防进水管中的任一根接出生产、生活给水管,一般采用 DN70 管径,单独设置水表后,进入车站,成枝状布置。保证车站生产、生活用水的水质、水量和水压。车站还设开水间,内设电加热开水器,以满足车站职工的饮水需要。

车站生产、生活用水量如表 5-1 所示。消防用水量标准及一次灭火用水量如表 5-2 所示。注意:表中数据仅作参考。

车站生产、生活用水量　　　　表 5-1

编号	用水处名称	用水量标准	用水倍数	使用时间	用水量(m^3)
一	生产用水				
1	循环冷却补充水				172.8
2	冲洗用水	3.0L/m^2·次			19
	小计				191.8
二	生活用水				
1	工作人员生活用水	50L/(人·班)		18h	1.5
2	公共厕所用水			18h	28.22
	小计				29.72
	以上合计				221.52
	不可预见用水	221.52m^2	0.15		33.23
	日用水量				254.75

消防用水量标准及一次灭火用水量　　　　表 5-2

消防系统名称	消防用水量标准	火灾延续时间	一次灭火用水量(m^3)	备注
室内消火栓系统	20L/s	2h	144	由消防泵房加压供水
合计			144	

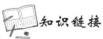
知识链接

生产、生活和消防的排水量分别按照以下标准和基本原则进行计算:工作人员生活排水量 50L/(人·班),时变化系数采用 2.5~3.0;生活及清洁排水量按用水量的 95% 计算,结构渗水量按 1L/(m^2·天)计。消防废水量与消防用水量相同。

二、排水系统

1. 车站排水

地下车站的废水种类有污水、废水、雨水。排水系统采用分流制,分为污水、废水、雨水系统。原则上采用分类集中,经泵提升经压力窨井后,就近排入市政下水道。污水须设置污水检测井。排水水质必须符合有关排放标准。

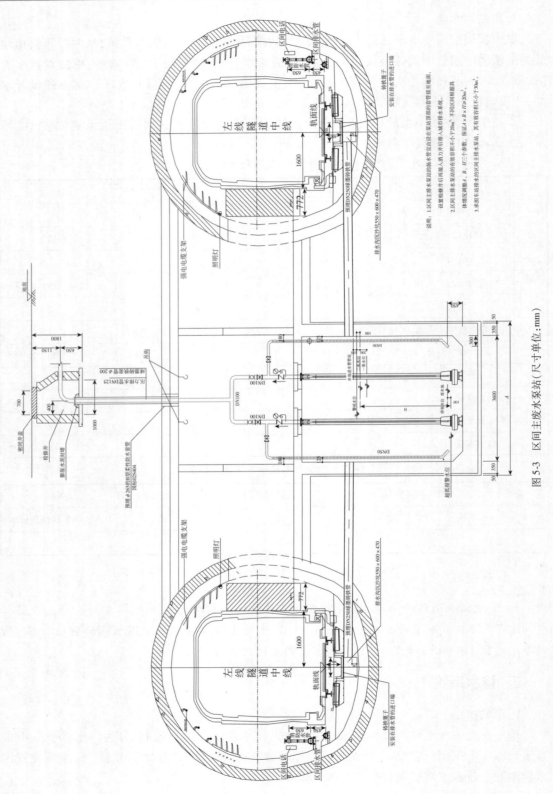

图 5-3 区间主废水泵站（尺寸单位：mm）

（1）车站污水系统

污水仅为车站工作人员和乘客厕所所有卫生器具排水。站内厕所污水通过管道排入污水泵房内的污水集水池,污水经潜水排污泵抽至室外压力窨井后,经污水检测,随后排入城市污水管道。一般设置两台潜污泵,一备一用。

（2）车站废水系统

车站废水种类:隧道结构渗水,站厅、站台地面冲洗水,环控机房和各类排水泵房洗涤盆排水以及消防废水。车站主排水泵房设置在车站内线路最低点,一般结合车站端头井布置。

（3）车站雨水系统

敞开式出入口的自动扶梯下面设集水坑和两台雨水排出潜水泵,一备一用。泵提升雨水经压力窨井后,再排入市政雨水管道系统。

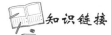

车站敞开式出入口的设计雨水量按照 30 年一遇的暴雨重现期计算。高架区间雨水设计重现期采用 4 年。

2. 排水泵的设置

线路最低处设区间主废水泵站(见图 5-3);中间风井处设辅助废水泵站;隧道洞口设雨水泵站。卫生间处设污水泵房;最低处设主废水泵房;出入口自动扶梯下、局部下沉地段设局部废水泵房。

3. 地下车站的排水方式

地下车站主要有以下四个独立系统:

（1）地下车站废水由设有站厅、站台的地漏,将废水排入车站轨道两侧明沟和站台板下排水沟后汇集至车站端头废水池内由排水泵提升,排入市政排水管道。

（2）污水由厕所的下水管道汇集至污水池(见图 5-4);然后由排污泵提升排入城市污水管道或地面化粪池。

（3）出入口雨水汇集至出入口的集水池后,由排水泵提升排入市政排水管道。

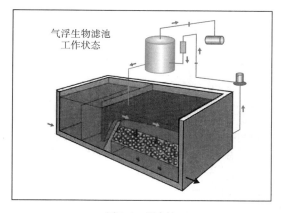

图 5-4 污水池

（4）地下结构渗漏水汇集于就近的集水池,由排水泵提升排出车站。

任务二 给排水系统设备认知

给排水系统是地铁和日常生活中常见的系统,其主要设备在日常生活中都能见到,如水管、阀门、水表等。在此主要对水泵和洒水栓进行介绍。

1. 水泵

为了满足地铁的水压和水量的要求,在给排水的各个部分,均需要水泵。水泵是水的加压设备,能够将水供给到需要的点位,并保证一定的水压。一般情况下,每座地下车站设置一个冷冻机房，冷冻机房一般布置在车站一端风道的下层或站厅层。冷冻水泵、冷却水泵及定压装置安装于冷冻机房内。地下车站包括消防加压泵、卧式生活污水排污泵、车站及地下区间立式排水泵、潜污排水泵、出入口排水泵、临时排水泵等。地上车站包括潜污排水泵、出入口排水泵、临时排水泵等。

2. 洒水栓

以北京地铁 8 号线某车站为例，站厅、站台两端均设置冲洗用洒水栓（见图 5-5 和图 5-6），由生活给水系统引出。如果此处出现跑水现象，可先关闭洒水栓内阀门，如果该阀门不能关断跑水管道，就需要关闭生活给水系统总阀门。

图 5-5　站厅洒水栓

图 5-6　站台洒水栓内部

任务三　给排水系统的基本操作

一、给水泵站的控制方式

地下车站生产和生活给水由车站附近的大口径自来水管引出。先引出两路口径 DN200 管道，在其中一路管道上再引出口径 DN80～DN100 管道一路，作为车站的生产、生活水总管道。如图 5-7 所示，并在地面设有水表井，装有水表和阀门。供水管道一般沿车站风道、出入口等部位进入车站，管道在车站内成枝状形式布置。车站站厅层供水管道安装在靠墙的顶部；车站站台层供水管道安装在站台板下。车站站厅层、站台层设有冲洗水。

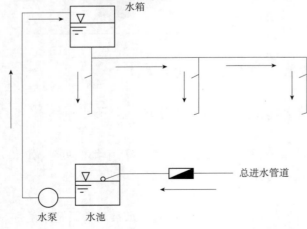

图 5-7　地下车站生产、生活给水和消防给水系统箱

二、排水泵站的控制方式

（1）排水泵站均采用就地水位自动控制运行。在就地设置电器控制箱，当把电器控制箱上的转换开关设定在 1

用 2 备或 2 备 1 用的位置时,水泵即根据水位高低自动运行排水。

(2)车站控制室内遥信显示水泵运行情况(开泵、停泵、运行时间等)和高低水位报警。

(3)车站废水泵站、区间泵站(包括消防增压水泵)等地铁主要泵站均采用双电源供电。当集水池高水位时,上述主要排水泵站均可双泵并联启动排水。在地铁车站废水泵站、污水泵站和区间隧道内的排水泵站等主要排水泵站,均加装有应急排水接口装置,以便设备维修等情况出现时应急排水之用。

任务四　给排水系统的应急处理

工具准备:准备好劳保用具、对讲机。
知识准备:见本项目任务一。

实训工作页 5-1

操作项目	现象	操作步骤	备注
给水系统	发现故障水泵	(1)发现或接报生活水泵有故障时,值班人员应立即停止故障水泵运行,开启备用水泵。 (2)水泵的变频器发生故障时,应立即关闭变频器,由专人手动操作控制水泵,根据管网压力控制水泵启停。 (3)及时报告主管工程师安排维修	
	垂直管网漏水	(1)发现或接报垂直管网漏水时,值班人员应立即关闭故障区域的水泵。 (2)排空管网的积水后,更换或修补破损管道。 (3)如一时无法修复,应报告主管工程师	
	地下水池出水管漏水	(1)发现或接报地下水池进水管漏水时,值班人员应立刻关闭水池出水阀和水泵。 (2)即刻通知主管工程师,由其安排维修,并在事后写出维修报告	
排水系统	污水井	(1)发现或接报污水井水位过高时,值班人员应立即手动开启污水泵抽水。 (2)污水泵故障,则立刻使用备用潜水泵将水抽至室外排污管道。 (3)即刻报告主管工程师,由其安排维修水泵或控制电路,并于事后写出维修报告	
	通知乘客	(1)给排水系统发生故障后,主管工程师应预计修复时间。 (2)4h 可修复的故障,由车站中心通过车站广播通知车站乘客	

复习思考题

1. 简述车站给排水系统的组成。
2. 给排水系统的相关设备有哪些?

项目六　车站暖通空调与环控系统

【教学目标】

1. 掌握暖通空调系统的概念及组成；
2. 掌握车站暖通空调系统的控制方式；
3. 掌握暖通空调系统的日常巡视要求和内容；
4. 熟记车站设备监控系统的基本操作；
5. 熟练掌握车站监控系统报警的处置。

【建议学时】

12 学时

【知识体系与任务关系图】

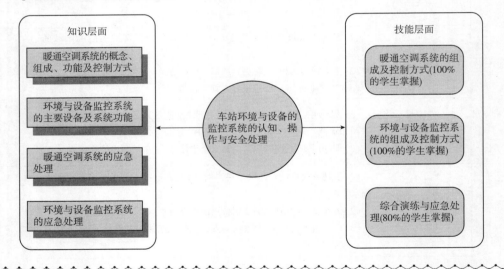

任务一　暖通空调系统认识

一、暖通空调系统概况

思考：如果地铁车站内没有空调，缺少通风设备，地铁车站会变成何种景象？如果是在寒冷的冬天，没有空调和通风设备可以吗？家中的空调是如何实现制冷的？

我们在项目一的学习过程中了解到,地铁车站的主要作用是供乘客候车、换乘,它是一个人流密集的地方。地铁中除了密集的人流外,还有大量的设备。在这样一个复杂的环境下,如果单纯依赖自然通风,会出现什么情况呢?

那些我们看不到的气体、粉尘会大大地影响整个车站的环境,更重要的是当发生火灾等突发情况时,致命的烟雾将夺去人们的生命。

正因如此,在车站中设置有专门的暖通空调系统,其目的就是在正常运行期间为地铁乘客提供舒适的环境,以及在紧急情况下迅速帮助乘客离开危险地并尽可能减少损失。下面,我们具体介绍暖通空调系统。

1. 暖通空调系统的概念

暖通空调系统即城市轨道交通的内部空气环境控制系统,简称环控系统,其采用通风和空调系统进行控制。

2. 暖通空调系统的功能

(1)正常运行时为乘客提供舒适的乘车环境,为城市轨道交通工作人员提供舒适的工作环境,为设备系统提供良好的运行环境。

(2)阻塞运行时能保证阻塞列车空调器正常运行,为疏散乘客提供足够新风并引导乘客安全疏散。

(3)当列车在区间隧道发生火灾事故或车站内发生火灾事故时,应具备防灾排烟通风功能。

3. 暖通空调系统的构成

地下线的暖通空调系统分为通风系统和空调系统。地铁由于制冷规模巨大,因此,空调系统一般采用水冷式空调系统。

 思考:家中的空调一般采用的是风冷式空调机组,那么,空调中有水吗?

车站暖通空调系统按控制区域分,由隧道通风系统和车站暖通空调系统两部分组成,如图 6-1 所示。其中,隧道通风系统又分为区间隧道通风系统和车站隧道通风系统;车站暖通空调系统又分为车站公共区域暖通空调系统(大系统)、车站设备管理用房暖通空调系统(小系统)和空调水系统。

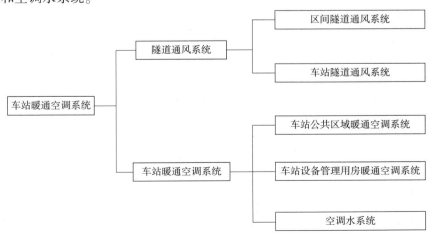

图 6-1　暖通空调系统的构成

(1) 区间隧道通风系统

区间隧道通风系统主要由可逆反式隧道通风机、推力风机装置、射流风机装置、风阀、消声器、风室和风道组成。

在早晚运营前后半个小时，按预定的运营模式开启隧道通风系统。正常运行时，系统通过列车运动的活塞效应实现隧道内的通风；列车阻塞于区间时，按与列车一致的方向组织气流，对阻塞区间进行机械通风，保证列车空调冷凝器正常运行；列车发生火灾而停在区间时，按预定的运行模式并与多数乘客撤离相反方向送风和排除烟气。由于每端的隧道风机互为备用，运行工况的隧道风机出现故障时，可以切换到备用风机运行。特长区间根据消防疏散的原则，按照事故列车的停车位置，启动区间中部及相应车站端部的隧道风机系统，组织排烟和人员疏散。

(2) 车站隧道通风系统

车站隧道通风系统主要由耐280℃高温连续有效工作0.5h的排风兼排烟风机、站台及轨道风量调节阀、防火阀及排风道组成。

在正常运营时，车站隧道排风系统运行。列车停站时，排除车顶冷凝器和车厢底部发热设备的热量。列车火灾停靠在车站时，利用车站隧道排风系统进行排烟；在事故所在区间隧道运行时，根据系统的控制模式要求开启或关闭车站隧道通风系统。

(3) 车站公共区域暖通空调系统

车站公共区域（站厅、站台）暖通空调系统设备组成的通风系统习惯之为"大系统"，同时兼做车站公共区域排烟系统。

车站大系统主要组成设备有大型表冷器、回/排风机、小新风机、通风管道、组合式电动风阀、防火阀、静压箱、混合室、新风井道、排风井道、消声器、全新风机等。

> **知识拓展**
>
> 通风管道负担着输送空气的任务，对其材料要求内部光滑、摩擦力小、不吸湿、不可燃、耐腐蚀、刚度好、强度可靠、重量轻、气密性好、不积灰、易清洗等。
>
> 防火阀是指在一定时间内能满足耐火稳定性和耐火完整性要求，用于通风、空调管道内阻火的活动式封闭装置。
>
> 静压箱的主要作用就是稳压、降燥。一般规定静压箱内的风速不大于2.5m/s，根据风量、风速就可以确定静压箱的容积。静压箱一般是定做的。
>
> 消声器是安装在空气动力设备（如鼓风机、空压机）的气流通道上或进、排气系统中的降噪装置。消声器能够阻挡声波的传播，允许气流通过，是控制噪声的有效工具。
>
> 大系统主要设备一般集中对称地分布于车站站厅层两端的环控通风机房，机房内一般分别设置1~2台组合式空调机组，每台机组对应1台回/排风机。车站每端还设置1台空调小新风机。

(4) 车站设备管理用房暖通空调系统

车站设备管理用房暖通空调系统（兼排烟系统）又称为"小系统"。其设备一般位于车站站厅两端的环控机房和小系统通风机房内。

车站小系统主要组成设备有：组合式空调机组、风机盘管、回/排风机、通风管道、电动风阀、消声器、放风阀、新风井道、排风井道等。

（5）空调水系统

空调水系统是指车站制冷空调循环水系统,由冷水机组、冷冻泵、冷却泵、冷却塔、集水器、分水器、膨胀水箱、二通调节阀、输水管等设备器件组成。

水系统为车站公共区及车站设备管理用房空调器提供冷源。空调系统通过冷冻水循环、制冷剂循环、冷却水循环三个循环把室内的热量传到室外。

知识拓展

冷水机组、冷冻、冷却水泵位于站厅层制冷机房。制冷剂在冷水机组里循环,经过压缩机时温度升高,这时用被称为冷却水的水将制冷剂温度降下来,冷却水通过冷水机组把制冷剂的热量带走,再经过冷却塔把热量释放到空气中,然后回到冷水机组。这样,就构成一个冷却水循环系统,在这个系统上的泵是冷却水泵。

制冷剂被降到冷却水的温度后,经过节流阀温度变得更低,这时制冷剂与被称为冷冻水的水进行热交换,使冷冻水温度降低,然后冷冻水回到空调系统末端与室内空气换热,冷冻水温度升高后再回到冷水机组与制冷剂进行热交换。这样,就构成冷冻水循环系统,在这个系统上的泵称为冷冻水泵。

其中冷水机组是中央空调系统的心脏,也是空调系统的耗能大户,控制模式的选择将直接影响制冷与节能效果。

冷却塔则是一种广泛应用的热力设备,其作用是通过热交换将高温冷却水的热量散入大气,从而降低冷却水的温度。其凉水作用原理主要是靠冷源两股流体在塔内混合接触,借助两股流体间的水蒸气压力差使热流体部分蒸发并自身冷却。

4. 暖通空调系统控制方式

（1）中央级控制

中央级控制就是暖通空调系统的最高一级,它负责监控城市轨道交通各站通风机和空调机组的设备运行状态。中央级控制主要是用来监控和调度全线暖通空调系统设备的运行。

（2）车站级控制

城市轨道交通自动化程度很高,暖通空调系统的正常运行是由设备监控系统来控制,实现自动运行。通风空调系统的车站级控制就是自动控制的一个平台,通过车站级控制,城市轨道交通暖通空调系统可以按照预定的模式来运行。

（3）就地级控制

简单地说,就地级控制就是在通风空调设备现场对其进行控制。这种控制主要是通过人工操作设在环控设备现场的电控箱上的启动/关停（或复位）按钮来实现。这种控制方式主要是为了暖通空调系统的安装调试与维护维修。

就地级控制设置在各车站的环控电控室,具有对单台环控设备就地控制的功能,便于各种设备调试、检查和维修。单台环控设备同时设有就地控制箱,如图6-2、图6-3所示。

以上两图展示均为不同设备的就地控制盘。组合式空调机组就地控制盘各按钮分别具有各自的功能,如右门开,左侧电动机关等。其指示明确。

就地级控制为优先级,车站级控制为次优级,中央级控制为最后级。以上三个级别规定的含义为:设备处于就地级控制时,后两级控制不能控制设备的运行状态（开、关、复位）;设备处于车站级控制时,中央级不能控制设备的运行状态。

图 6-2　环控设备房控制箱及风管

图 6-3　环控设备房组合式空调机组就地控制盘

5. 地铁空调系统的制冷原理

所谓空调制冷就是通过制冷剂的状态变化（气态→液态，放热；液态→气态，吸热）将一个地方（蒸发器周围）的热量带到另一个地方（冷凝器周围）。其中四个必要组成部分分别为：压缩机、冷凝器、节流（膨胀）装置、蒸发器。如图 6-4 所示为空调制冷的简易原理。

具体来说，气态的制冷剂先经过压缩机的高压压缩，再经过冷凝器的冷凝彻底转变为液态的制冷剂，在此过程中释放能量；再经由膨胀阀的降压和蒸发器的热量吸收转变为气态的制冷剂，在此过程中吸收外界的能量。

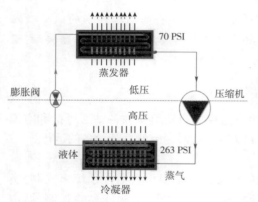

图 6-4　空调制冷的循环原理

将以上原理应用到地铁空调水系统中即实现空调水制冷。如图 6-5 所示为空调水系统对设备或管理工作房冷冻水供应。左侧（红色）水为冷冻水，右侧（绿色）水为冷却水。

空调制冷的具体过程为：

（1）气态的制冷剂经压缩机加压后到冷凝器进行放热冷凝，将热量释放给冷却水，从而变为液态的制冷剂；

（2）液态的制冷剂经膨胀阀减压后到蒸发器当中吸收冷冻水的热量，从而变为气态的制冷剂。

以上两个步骤循环完成制冷循环。

在此过程中，冷却水吸收了制冷剂的热量，失去冷却的功能后，被抽到车站上方的冷却塔中进行冷却，冷却完成后循环工作；冷冻水的热量被制冷剂吸走变成有制冷效果的水，送到组合式空调机组以及风机盘管等设备内部，以冷却混合风送到站台、站厅以及设备用房。

不同城市不同车站的空调水系统中的冷冻水生产有所不同，诸如深圳、香港等城市地铁采用了集中制冷系统,即两三个车站(3km 内)共用一个冷冻水集中生产处,经过远距离传输到达各车站完成制冷。

如图 6-5 所示:制冷循环的四部分不断转换热量生产冷冻水,由此实现制冷。

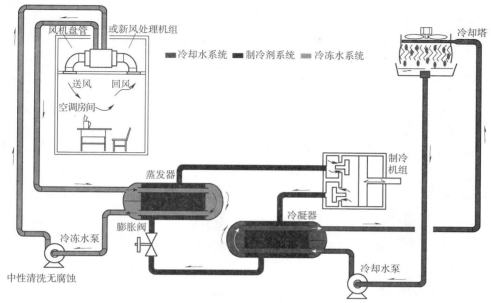

图 6-5　空调水系统对设备或管理工作房冷冻水供应

二、暖通空调系统设备认知

从图 6-5 中可以看出,空调要实现大量空间的制冷需要大量设备的配合。至少需要冷却塔、水泵、水管、风管、空调机组和制冷循环等相关设备。那么这些设备的真实面目是怎样呢？接下来,我们就来介绍相关的系统设备,在此只介绍相对重要的设备,要求同学们能够识别较为重要的设备。

1. 风管与水管

风管(见图 6-6)是暖通空调系统中联通各个部分的重要构件,一般情况下,一端连接着风阀风机,一端连接风口,将合适的风送出或排除。风管一般采用金属、非金属薄板或其他材料制作而成,用于空气流通的管道。

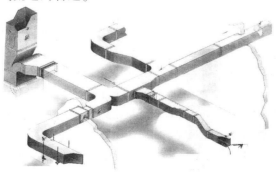

图 6-6　风管示意图

风管配件指风管系统中的弯管、三通、四通、各类变径及异形管、导流叶片和法兰等。

风管部件指通风、空调风管系统中的各类风口、阀门、排气罩、风帽、检查门和测定孔等。表6-1展示了不同的风管配件和部件。

风管的配件和部件　　　　　　　　　　　　　　　　　表6-1

系列	配件和部件的图形及名称				
风口系列	方形散流器	圆形散流器	扩散出风口	可调式喷流风口	旋流风口
	双层格栅出风口	扁叶散流器	可开式百叶回风口	蛋格式可开回风口	可开式花板回风口
防火阀、调节阀系列	防火调节阀	全自动防烟防火阀	全自动排烟防火阀	排烟阀	多叶排烟口送风口
	板式排烟口	手动多叶对开调节阀	电动多叶对开调节阀	圆形单叶蝶阀	矩形止回阀
软管、螺旋风管、空调器、消声器系列	铝箔伸缩保温软管	标准形螺旋管	风管附件	消声器	组合式空调器

暖通空调系统对水管的密闭性要求较高,并且对部分水管的保温性要求也较高。水管一般设置为圆形。

思考:请同学们观察地铁车站的相关水管,说出哪些是冷却水管?哪些是冷冻水管?

2. 组合式空调箱

组合式空调箱是暖通空调系统中的核心——制冷的功能部件,是将各种空气处理设备及风机、风量调节阀等制成带箱体的单元体。这些单元体可根据工程需要由设计人员进行组合,成为一组能实现各种空气处理要求的组合式空调箱,如图6-7所示。

组合式空调箱的主要功能段分别起到不同的作用,具体说明如下:

图6-7　组合式空调箱

(1) 混合风段。利用风量调节阀来控制新回风比例,以便于在不同时期和模式下调节不同结构的风。

(2) 初效过滤段。过滤输入空气的杂质,保持风的洁净和清洁。按照过滤器的结构可分为板式过滤器、袋式过滤器、卷轴式过滤器。

(3) 表冷挡水段。利用表冷器通过其内部循环的冷冻水起到制冷空气的作用,并利用滴水盘将空气中的凝结水收集在一起。

(4) 风机送风段。其作用为将处理完毕的优质的温度和强度适中的空气输出,以完成整个流程。

组合式空调箱的内部结构如图 6-8 所示。

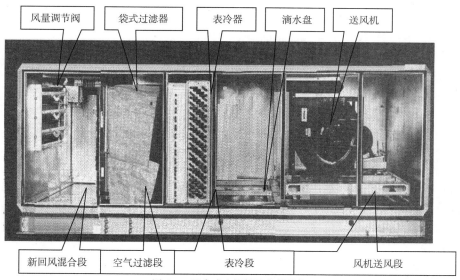

图 6-8 组合式空调箱的内部结构

组合式空调箱作为核心构件,在结构上的具体要求如下:
(1) 各功能段有足够的强度;
(2) 机组检修门严密、灵活,开启及锁紧功能良好;
(3) 机组设排水口,无溢出或渗漏;
(4) 机组横断面上气流不应产生短路;
(5) 机组应留有检测孔和测试仪表接口;
(6) 设置检修门和 24V 低压照明灯。

3. 风机设备

风机设备是通过送排风,排除局部区间隧道的余热、余湿。其主要类型分别有以下几种:

(1) TVF 风机。设置于车站两端隧道风机房内,风道独立。其主要部件分为:叶片、轮毂、电动机、轴承等。如图 6-9 所示。

TVF 风机要求结构紧凑、可灵活拆卸;具有一定的防腐性能;在火灾工况时,保证 280℃ 条件下,持续有效运行 0.5h;设计

图 6-9 TVF 风机

使用寿命≥20年;叶片角度可调节。

（2）UPE/OTE排热风机。设置于车站两端,为站台下排热和车行道顶部排热兼排烟系统,通常排出风道与公共区排风道共用。

（3）射流风机。作用为配合TVF风机进行气流组织。可逆转射流风机一般安装在区间隧道顶板下方。

4. 风机盘管

地铁的设备管理用房或车站综控室等场所均设置可室内调节的空调形式,此种形式需要在管理用房内设置风机盘管装置。图6-10所示即为风机盘管的设置方式。

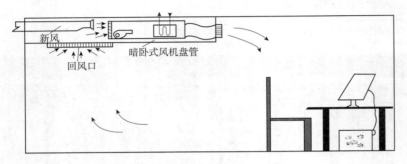

图6-10　风机盘管的设置方式

经处理的新风通过新风送风管送到房间,室内的风通过回风口与送入的新风混合再经过风机盘管处理,达到要求后再送入房间,这样不断地循环,达到房间的使用要求。

风机盘管空调系统由风机盘管、新风机组、送风管道以及控制阀门等组成。

5. 冷却塔

冷却塔是循环冷却水系统中的一个重要设备,用以将冷却水降温的过程。冷却塔一般被放置在地铁车站外,分为逆流式冷却塔、横流式冷却塔、射流式冷却塔、蒸发式冷却塔等四种类型。常用的是逆流式冷却塔（圆形、方形）、横流式冷却塔（圆形、方形）两种,如图6-11所示。

a)方形冷却塔

b)圆形冷却塔

图6-11　冷却塔

6. 冷水机组

冷水机组是实现制冷循环的重要组件,地铁中一般采用螺杆式冷水机组。它由压缩器、冷凝器、膨胀阀、蒸发器四部分组成,是生产冷冻水的核心部件,也是水冷空调进行制冷循环的核心组件。如图 6-12 所示的螺杆式冷水机组,上下两个圆柱形设备分别为蒸发器与冷凝器,压缩机与膨胀阀为中间设备。

图 6-12　螺杆式冷水机组

每个冷水机组上面均有一个控制柜,并有面板用于显示冷水机组中的水压、水温等参数,供维修人员查看设备的状态。

除了以上设备外,暖通空调系统还包括了大型的表冷器(存放冷冻水以实现制冷)、大型风机、各种电动(手动)阀门、各位水温、水压传感器、仪表、水泵等设备。在此不一一介绍。

7. 风阀

风阀主要种类有:防烟防火阀、排烟防火阀、全电动防火阀、排烟防火阀、电动风量调节阀、手动风量调节阀、电动组合风阀(标准站 14 个)。

防烟防火阀:安装在通风、空调系统的送、回风管路上,平时呈开启状态(常开),火灾时当管道内气体温度达到 70℃时,易熔片熔断,阀门在扭簧力作用下自动关闭,在一定时间内能满足耐火稳定性和耐火完整性要求,起到隔烟阻火作用的阀门。阀门关闭时,输出关闭信号。

排烟防火阀:安装在排烟系统管路上,平时一般呈关闭状态(常闭/常开),火灾时手动或电动开启,起排烟作用。当排烟管道内烟气温度达到 280℃时关闭,在一定时间内能满足耐火稳定性和耐火完整性要求。此阀门能起排烟作用,北京地铁 6 号线均含 5m 手动复位装置。

8. 暖通空调设备的布置位置

暖通空调系统中的冷水机组、组合式空调机组等集中制冷的空调,设置在站厅两侧的"环控电控机房"或"车站小系统机房"内(不同车站叫法不同,一般布置在站厅层两端)。而风管与水管则根据需要布置在车站的各个角落。

实践:去地铁车站寻找风管、水管、冷却塔等设备。

暖通空调系统作为一个庞大的系统,也是学科上一个重要的专业,在本书中,我们无法对该系统作很深入的介绍,因此同学们可以查找有关材料来丰富这部分知识,较好地掌握其基本设备与系统概况。

任务二　环境与设备监控系统认识

城市轨道交通系统的正常运营是通过多种机电设备保证的,诸如暖通空调系统、给排水、电梯、安全门等,其运行状态关系到地铁的服务质量。监控及管理上述各类设备运行,就是城市轨道交通的环境与设备监控系统。环境与设备监控系统在地铁运营中处于较重要的位置,我国城市轨道交通规范称其为 BAS(Building Automatic System)。

BAS 监控范围如图 6-13 所示。北京地铁 4 号线通信骨干网如图 6-14 所示。

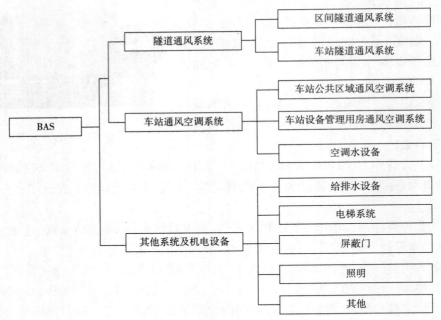

图 6-13 BAS 监控范围

BAS 通过通信骨干网，可对全线的设备进行监视与控制，对线路的环境进行实时把控，再通过现场系统对设备进行控制，如图 6-14 所示。

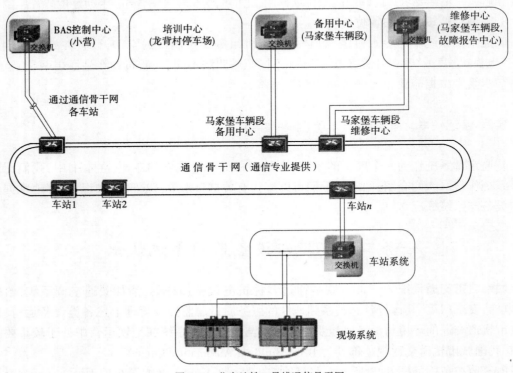

图 6-14 北京地铁 4 号线通信骨干网

提示：BAS 不同于本书的其他设备，它是一个将各个设备联系在一起的"神经网络"。它没有复杂的机电系统，但是拥有复杂的监控网络，对车站的设备进行监视与控制。因此，同学们在学习此部分内容时，要转换思路，可以将其简化地想象为机电设备的控制中心。

1. 系统构成

环境与设备监控系统通常由中央、车站、就地三级实现对暖通空调系统、给排水设备、电梯、安全门、照明等设备的监视和控制。系统主要设备分中央级、车站级和就地级设备，如图 6-15 所示。

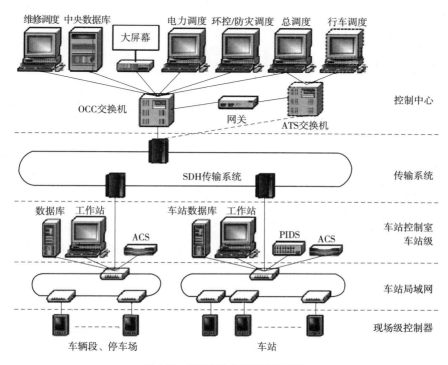

图 6-15　环境与设备监控系统结构

（1）中央级

系统中央级设于控制中心中央控制室（OCC），负责监视全线环控设备的状态和全线的环境状况并向各站发布控制命令，定时记录设备运行状态，记录车站温、湿度等原始数据。同时，可根据操作人员的需要绘制曲线图，定制报表等。

（2）车站级

车站级位于各站内的车站控制室，系统通过车站级监控工作站和模拟屏设备提供相应的人机界面（MMI），监控本站及所辖区间隧道的环控、给排水、自动扶梯、照明、安全门、防淹门、车站事故照明电源等设备的运行状态。

（3）就地级

相对集中于环控电控室、车站的重要房间（水泵房、冷水机房等）及公共区等地。它实现对所控设备的直接控制，并传送设备的运行状态及故障信息到车站工作站，执行车站级发出的指令。

2. 系统主要设备

(1) 中央级

①工作站及服务器。配置两台或两台以上的操作工作站,采用并列运行或冗余技术,使工作站处于热备状态,保证故障情况下的自动投入。同时,根据系统实际需要选用服务器或小型机对整个系统实现优化控制、管理以及数据备份。

②模拟屏。中央级配置背投式等模拟屏,直观显示全线重要设备运行状态、重要报警、主要运行参数等,便于环控调度掌握总体情况,及时发现问题。

③维修工作站。为了提高系统运行的可靠性,及时发现并排除故障,减少故障的维修时间,一般在 OCC 设备房及车辆段的系统维修车间设置。

(2) 车站级

车站级设备包括监控工作站、应急控制盘,与火灾自动报警系统(FAS)的接口、维修工作站。

①工作站。车站级配置操作工作站实现人机操作界面功能,一般运用工业控制计算机。

②应急控制盘。车站应急控制盘是系统在紧急情况下(车站工作站故障或火灾等)的后备操作手段,盘面以火灾及紧急工况操作为主。车站级应急控制盘采用按键式,操作程序简便直接。

③与火灾自动报警系统的接口。车站级设有相应的接口设备,接收车站火灾自动报警系统发送的车站火警信息。

(3) 现场级

①现场控制器。控制设备可选用分散控制系统(DCS 系统)或可编程逻辑控制器(PLC 系统)。现场控制器一般主要集中设置在环控电控室内,部分分散设置于现场被监控设备的附近。为提高监控系统可靠性,现场控制器可采用冗余配置。

现场控制器须具备软件联锁保护设置;控制被控对象设备顺序动作;冗余设备故障切换控制;冗余设备运行时间平衡计算及选择执行。系统各种运行参数的采集及存储等功能可通过一定的计算,来实现优化控制和各种模式控制。对中央级下达的控制指令和控制模式、设定值的更改和其他相关联参数的修正,也由现场控制器处理后执行。

②现场检测仪表及执行机构。在公共区站厅/台、上下行线隧道口、新风道、排风道、混合室、送风室及重要设备房分别设置温度、湿度感应器,测量环境中需要重点监测及控制的参数。

在水系统管路上,设置水温、压力、压差、流量、液位传感器,检测水系统中的重点监测及控制参量;在冷冻水管路上,设置二通或三通流量调节阀,对冷量进行调节。

3. 系统功能

BAS 的主要功能如下:

①环境检测。BAS 通过布置在公共区、有人值班的管理用房及对环境有要求的设备用房的温度和湿度检测设备,实现环境温度和空气湿度的检测。

②机电设备监控。BAS 实现对全线通风空调、给排水、照明等机电设备的实时或定时监控;监视电梯、安全门的运行状态。紧急情况下,可实现对自动扶梯的紧急停止控制,对电梯紧急情况下上升或下降到安全层的控制。

③水位监测及报警。BAS 监视车站和区间各类排水泵房水位,接收水位报警信息,并具

有对废水泵的远程控制功能。

④优化控制与节能。BAS通过对环境参数检测以及相关计算,自动将暖通空调系统调控在最佳运营状态,一方面提高城市轨道交通系统整体环境的舒适度,另一方面实现节能控制,降低运营成本。

⑤防灾救灾。接收车站火灾自动报警系统发出的火灾控制模式指令,执行车站防灾设备的火灾控制模式;在火灾自动报警系统与BAS之间通信中断情况下,接收车站综合监控系统车站火灾模式控制指令,执行车站防灾设备的火灾控制模式;接收综合监控系统区间火灾模式控制指令,执行隧道排烟模式;接收区间列车阻塞通风模式控制指令,执行列车区间阻塞通风模式。

⑥数据管理。系统具有对受控设备运行参数分类存储、统计报表、自动生成系统设备维护报表和自动打印的功能。

(1) 中央级主要功能

①监控功能。中央级监控系统是整个BAS的监控核心,其功能设计应面向城市轨道交通运营和维护,突出日常调度和防灾指挥功能,支持全局性的监控和管理,并实现用于调度和运营管理的数据设置、关键设备(隧道风机等)的遥控、组控及模式控制等功能,为环控调度提供用于运营管理的、全局性的,并可实现区域性监控操作的各类高效实用的监控手段。

②中央级维护功能。中央级维护功能一般和OCC的监控系统集成在一起实现,但有时需要在车辆段建立独立的维护系统、培训系统等。此时该系统的逻辑级别和OCC的监控系统是一致的,OCC监控系统更注重全局的监控及管理,而车辆段系统则更注重BAS的维护。同时,根据需要,该系统又可作为OCC监控系统的后备系统,同样可以实现监控与管理功能。维护功能包括全线BAS工程管理、监控与维护以及后备监控与操作。

③向车站级BAS下达时间表控制指令。

(2) 车站级主要功能

①监视车站通风空调设备的运行状态,监测、记录车站站厅、站台和管理设备用房的温度、湿度等环境参数。

②根据暖通空调系统提供的工艺要求,对通风系统设备进行模式控制,包括正常模式、区间阻塞模式、火灾模式控制。

③监视全站BAS监控下的其他设备的运行状态,接收系统报警,记录各种操作,实现实时数据和历史数据的分类存储、统计报表等。

④将本站BAS所有信息上传中央级。接收中央级下发的时间表控制信息和模式控制指令。

⑤接收时钟同步信号,具有与中央级主时钟同步的功能。

(3) 就地级主要功能

①对单台设备进行就地控制,满足设备的现场调试要求。

②实现对现场信号的采集、信号的转换和控制信号的输出。

③接收火灾自动报警系统的火灾信息,执行火灾模式控制指令。

④主控制器通过现场总线同具有智能通信接口的其他受控设备连接,实现数据通信。

⑤就地级设备具有脱离全线网络系统独立运行的功能;控制器的存储容量满足监控数据的存储需要。

任务三　环境与设备监控系统监视界面下的日常检查

空调系统主要包括车站空调大系统、车站空调小系统、隧道通风系统、空调水系统。

一、BAS 界面下的车站空调大系统日常检查

车站空调大系统网络结构如图 6-16 所示。

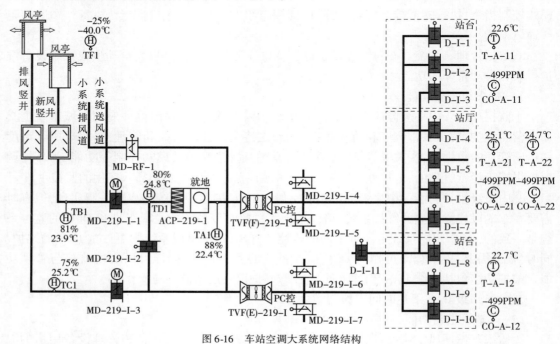

图 6-16　车站空调大系统网络结构

1. 大系统表冷器

在车站空调大系统监控画面中,点击"表冷器"图形,可进行表冷器相关参数的监视及调节,可得到当前表冷器运行状态及控制模式,并可调整控制模式为自动或遥控;当控制模式置为自动时,相应的遥控启动或停止按钮失效,如图 6-17 所示。

2. 大系统变频风机

在车站空调大系统监控画面中,点击"变频风机"图形,可进行变频风机相关参数的监视及调节,可得到当前变频风机运行状态及控制模式,并可调整控制模式为自动或遥控;当控制模式置为自动时,相应的遥控启动或停止按钮失效。

大系统风机采用变频变风量控制,在自动运行和遥控情况下,频率可以独立控制。在火灾情况下,频率最大值为 50Hz,如图 6-18 所示。

3. 大系统人防风阀

在车站空调大系统监控画面中,点击"风阀"图形,可进行人防风阀相关参数的监视及调节,可得到当前人防风阀控制模式及开关状态,并可调整控制模式为自动或遥控;当控制模式置为自动时,相应的遥控启动或停止按钮失效,如图 6-19 所示。

项目六 车站暖通空调与环控系统

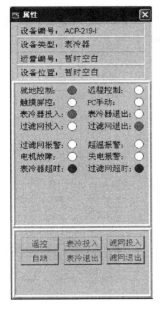 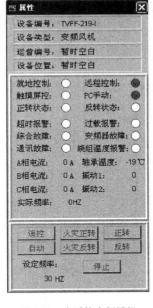 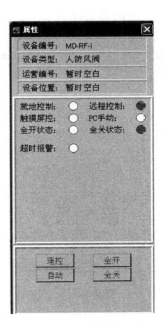

图 6-17　大系统表冷器　　　　图 6-18　大系统变频风机　　　　图 6-19　大系统人防风阀

二、车站空调小系统

车站空调小系统网络结构，如图 6-20 所示。

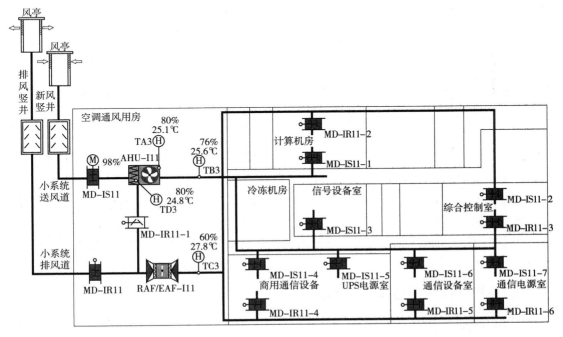

图 6-20　车站空调小系统网络结构

97

1. 小系统空调机组

在车站空调小系统监控画面中,点击"空调机组"图形,可进行空调机组相关参数的监视及调节,可得到当前空调机组运行状态及控制模式,并可调整控制模式为自动或遥控;当控制模式置为自动时,相应的遥控启动或停止按钮失效,如图 6-21 所示。

2. 小系统双速风机

在车站空调小系统监控画面中,点击"双速风机"图形,可进行双速风机相关参数的监视及调节,可得到当前双速风机运行状态及控制模式,并可调整控制模式为自动或遥控;当控制模式置为自动时,相应的遥控启动或停止按钮失效,如图 6-22 所示。

3. 小系统单速风机

在车站空调小系统监控画面中,点击"单速风机"图形,可进行单速风机相关参数的监视及调节,可得到当前单速风机运行状态及控制模式,并可调整控制模式为自动或遥控;当控制模式置为自动时,相应的遥控启动或停止按钮失效,如图 6-23 所示。

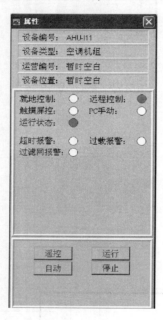
图 6-21　小系统空调机组

图 6-22　小系统双速风机

图 6-23　小系统单速风机

4. 小系统风量调节阀

在车站空调小系统监控画面中,点击"电动风量调节阀"图形,可进行电动风量调节阀相关参数的监视及调节,可得到当前电动风量调节阀开关状态及控制模式,并可调整控制模式为自动或遥控;当控制模式置为自动时,相应的遥控启动或停止按钮失效,如图 6-24 所示。

三、监控界面下的隧道通风系统

车站区间隧道通风系统监控画面,主要显示立转门、车站 TVF 隧道风机、射流风机的当前状态,如图 6-25 所示。

项目六　车站暖通空调与环控系统

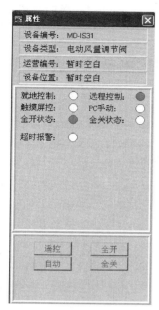

图 6-24　小系统风量调节阀

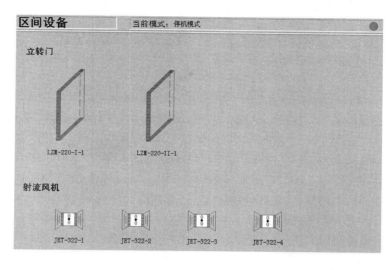

图 6-25　车站区间隧道通风系统监控画面

1. 隧道通风系统立转门

在区间隧道通风系统监控画面中,点击"立转门"图形,可进行区间立转门相关参数的调节,可得到当前立转门运行状态及控制模式,并可调整控制模式为自动或遥控;当控制模式置为自动时,相应的遥控启动或停止按钮失效,如图 6-26 所示。

2. 隧道通风系统射流风机

在区间隧道通风系统监控画面中,点击"射流风机"图形,可进行射流风机相关参数的调节,可得到当前射流风机运行状态及控制模式,并可调整控制模式为自动或遥控;当控制模式置为自动时,相应的遥控启动或停止按钮失效,如图 6-27 所示。

3. 隧道通风系统轴流(TVF 隧道)风机

在区间隧道通风系统监控画面中,点击"轴流(TVF 隧道)风机"图形,可进行轴流(TVF 隧道)风机相关参数的调节,可得到当前轴流(TVF 隧道)风机运行状态及控制模式,并可调整控制模式为自动或遥控;当控制模式置为自动时,相应的遥控启动或停止按钮失效,如图 6-28 所示。

四、空调水系统

车站空调水系统的结构如图 6-29 所示。

1. 空调水系统调节型水阀

在空调水系统监控画面中,点击"调节型水阀"图形,可进行空调水系统调节型水阀相关参数的调节,可得到当前调节型水阀运行状态及控制模式,并可调整控制模式为自动或遥控;当控制模式置为自动时,相应的遥控启动或停止按钮失效,如图 6-30 所示。

2. 空调水系统表冷器

在空调水系统监控画面中,点击"表冷器"图形,可进行空调水系统表冷器相关参数的调节,可得到当前表冷器运行状态及控制模式,并可调整控制模式为自动或遥控;当控制模式置为自动时,相应的遥控启动或停止按钮失效,如图6-31所示。

图6-26 隧道通风系统立转门

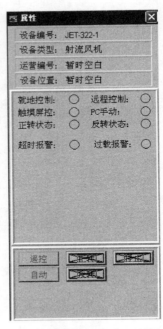

图6-27 隧道通风系统射流风机

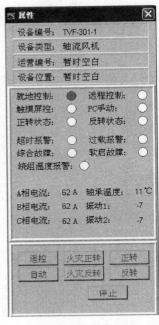

图6-28 隧道通风系统轴流（TVF隧道）风机

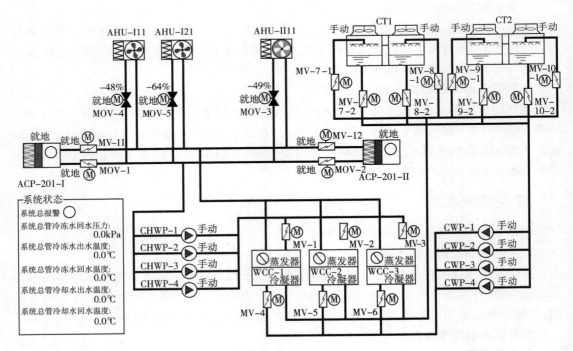

图6-29 车站空调水系统

项目六　车站暖通空调与环控系统

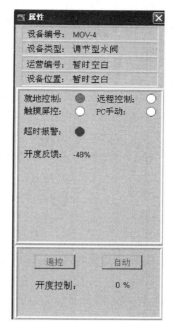
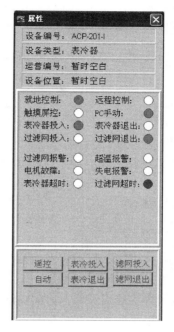

图6-30　空调水系统调节型水阀　　图6-31　空调水系统表冷器

在车站综控室内,通过 BAS 的监控界面,可以清晰地看到相关设备的运行情况;当发生故障时,设备将会通过颜色的变化来说明其出现了问题。当然,能够执行此操作的人员需要有一定的级别,一般为综控员或值班站长以上。当发现机电设备出现问题时,需要及时报给车站的维护工作人员。

此外,BAS 的监视内容并不限于此,如前所述,还能够对电梯、安全门等机电系统进行监视。

任务四　环境与设备监控系统的基本操作

知识准备1:见任务一、二的暖通空调系统与 BAS 认识。

知识准备2:环控系统的模式控制。

环控系统的控制模式一般至少包括正常模式、火灾模式和阻塞模式三种状态(在此仅介绍后两种模式)。

(1)火灾模式。火灾模式为发生火灾时,环控系统会紧急启动和关闭相关的排烟与通风设备。具体实现需要根据起火的地点来判定。举例如下:

站台层发生火灾时,停止车站冷水系统,控制风管相关风阀的开/闭,向站厅层送风,停止向站台层送风,站台层进入排烟状态(高速排烟)。此时,站台层对站厅层形成负气压,阻止烟雾向站厅层蔓延,并形成了楼梯或扶梯通道的逃生气流通道,如图6-32所示。

想一想:假如是站厅层发生火灾时,应该如何控制各风机的回/排风?

101

站厅层发生火灾时,停止车站冷水系统,控制风管的相关风阀开/闭;向站台层送风,停止向站厅层送风,站厅层进入排烟状态,使得站厅层对地面、站台层形成风压,阻止烟雾向站台层蔓延,形成地面楼梯通道的逃生气流通道,如图6-33所示,相关资源见二维码20。

二维码20

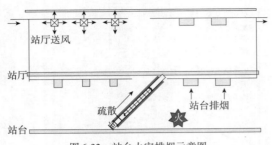

图6-32 站台火灾排烟示意图

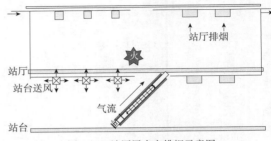

图6-33 站厅层火灾排烟示意图

(2)阻塞模式。阻塞模式为列车突发意外而停在隧道中时,为了保证乘客的氧气获得,需要进行通风。下述举例有两种情形:

①在列车由于各种原因停留在区间隧道内,此时列车内载有乘客,顺列车运行方向进行送-排机械通风,冷却列车空调冷凝器等,使车内乘客仍有舒适的乘坐环境。如图6-34所示为列车阻塞或火灾时隧道内的送排风图。相关资源见二维码21。

二维码21

图6-34 列车阻塞或火灾时隧道内的送排风

②当发生火灾的列车无法行驶到车站而被迫停在隧道内时,应立即启动风机进行排烟降温;隧道一端的隧道风机向火灾地点输送新鲜空气,另一端的隧道通风机从隧道排烟,以引导乘客朝逆向气流方向撤离事故现场,消防人员顺着气流方向进行火灾和抢救工作。

实施方式:本任务由教师示范完成。

每组抽选一名学生进行实际操作。

提示:在地铁实际工作中,此工作一般需要较高级别工作人员完成。新入职员工切不可随意触动,以免造成严重后果。

实训过程:BAS系统的模式操作。

开机后,环境与设备监控系统的主菜单如图6-35所示。

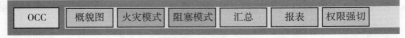

图6-35 环境与设备监控系统的主菜单

其中【火灾模式】和【阻塞模式】按钮显绿色表示区间模式下发的方式在手动位。当区间火灾模式取消手动下发时【火灾模式】按钮显灰色；当区间阻塞模式为 ATS 信号自动下发时【阻塞模式】按钮显灰色。

1. 火灾模式

(1) 点击【火灾模式】按钮进入区间火灾模式画面，如图 6-36 所示。

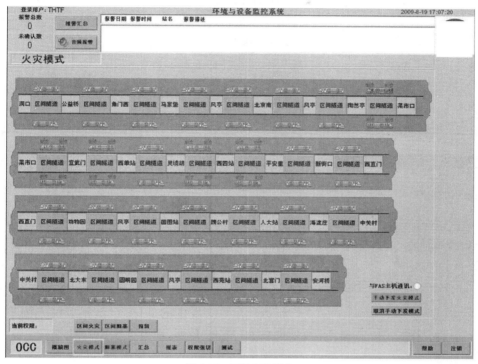

图 6-36　区间火灾模式

(2) 画面右下角 与FAS主机通信: ● 显示与 FAS 主机的通信状态， 手动下发火灾模式 和 取消手动下发模式 为模式手动下发功能使能按钮。典型图素状态，如表 6-2 所示。

火灾模式下典型图素状态说明　　　　　　　　表 6-2

编号	典型图素状态	说　　　明
1	●	● 绿灯表示与 FAS 主机通信正常； ○ 白灯表示与 FAS 主机通信故障
2	手动下发火灾模式	手动下发火灾模式 表示模式手动下发功能生效； 手动下发火灾模式 表示模式手动下发功能失效
3	取消手动下发模式	取消手动下发模式 表示模式手动下发功能失效； 取消手动下发模式 表示模式手动下发功能生效
4	区间隧道	区间隧道 表示模式手动下发可控； 区间隧道 表示模式手动下发不可控

续上表

编号	典型图素状态	说　　明
5		边框红/黄闪烁表示接收到 FAS 发出的区间火灾信息； 下行车头火灾； 下行车尾火灾； 上行车头火灾； 上行车尾火灾

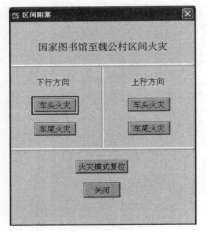

图 6-37　区间隧道对话框

(3) 手动下发区间火灾模式步骤。

BAS 接收到 FAS 发出的区间火灾信息,相应区间的列车图素边框出现红/黄闪烁。根据行车调度员报告的列车火灾发生的部位,下发相应的火灾模式。

① 点击 手动下发火灾模式 ,弹出对话框点击"确定"按钮,按钮背景变为绿色 手动下发火灾模式 ,画面中"区间隧道"字样变为黑色字体 区间隧道 ,表示手动下发可控。

② 点击 区间隧道 ,弹出对话框,见图 6-37 所示。

根据列车火灾发生的部位,点击相应模式按钮,弹出对话框点击"确定"按钮,即可下发相应的火灾模式。

当画面中列车图素显示相应火灾部位时,表示模式已成功下发至车站 IBP 盘,如:下发某区间下行方向的车头火灾模式,列车图素变为 ,则模式已成功下发。

2. 阻塞模式

(1) 点击 阻塞模式 进入区间阻塞模式画面,如图 6-38 所示。

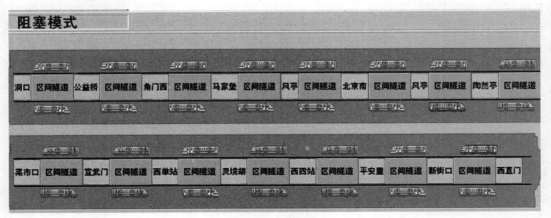

图 6-38　阻塞模式

（2）画面右下角 与ATS主机通信. ● 显示与 ATS 主机的通信状态，手动下发阻塞模式 为模式手动下发功能使能按钮，ATS自动下发模式 为模式自动下发功能按钮。阻塞模式下的典型图素状态说明，如表 6-3 所示。

阻塞模式下的典型图素状态说明 表 6-3

编号	典型图素状态	说明
1	●	● 绿灯表示与 ATS 主机通信正常； ● 白灯表示与 ATS 主机通信故障
2	手动下发阻塞模式	手动下发阻塞模式 表示模式手动下发功能生效； 手动下发阻塞模式 表示模式手动下发功能失效
3	ATS自动下发模式	ATS自动下发模式 表示模式自动下发功能生效； ATS自动下发模式 表示模式自动下发功能失效
4	区间隧道	区间隧道 表示模式手动下发可控； 区间隧道 表示模式手动下发不可控
5	🚆	🚆 边框红/黄闪烁表示接收到 ATS 发出的区间火灾信息； 🚆 下行阻塞； 🚆 上行阻塞

（3）正常情况下，区间阻塞模式的控制方式为接收 ATS 信号自动下发阻塞模式至车站；特殊情况下，启用手动下发阻塞模式功能。注意：当启用手动下发功能时，自动下发功能将被屏蔽。

（4）手动下发区间阻塞模式的步骤：

①点击 手动下发阻塞模式，弹出对话框点击"确定"按钮，按钮背景变为绿色 手动下发阻塞模式，画面中"区间隧道"字样变为黑色字体 区间隧道，表示手动下发可控。

②点击 区间隧道，弹出对话框，如图 6-39 所示。

根据列车阻塞的区间，点击相应模式按钮，弹出对话框点击"确定"按钮，即可下发相应的阻塞模式。

当画面中列车图素亮起来时，表示模式已成功下发至车站 IBP 盘，如：下发某区间上行方向的阻塞模式，列车图素 🚆 显示亮色，则模式已成功下发。

3. 汇总

点击 汇总 进入设备汇总画面；汇总画面只监视不控制，如图 6-40 所示。

图 6-39 区间隧道

变频风机2

序号	站名	设备编号	当前状态	当前权限
13	西直门	EAF-SEF-1-1		就地
		EAF-SEF-1-2		就地
14	动物园	TVFE-214-I		就地
		TVFF-214-I		就地
		TVFE-214-II		
		TVFF-214-II		
15	国图站	TVFE-215-I		就地
		TVFF-215-I		就地
		TVFE-215-II-1		
		TVFF-215-II-1		就地
		TVFE-215-II-2		
		TVFF-215-II-2		就地
16	魏公村	TVFE-216-I		就地
		TVFF-216-I		就地
		TVFE-216-II		
		TVFF-216-II		
17	人大站	TVFE-217-I		就地
		TVFF-217-I		就地
		TVFE-217-II		就地
		TVFF-217-II		就地
18	海淀庄	TVFE-218-I		
		TVFF-218-I		
		TVFE-218-II		就地
		TVFF-218-II		就地
19	中关村	TVFE-219-I		
		TVFF-219-I		
		TVFE-219-II		就地
		TVFF-219-II		就地
20	北大东	TVFE-220-I		
		TVFF-220-I		
		TVFE-220-II		
		TVFF-220-II		
21	圆明园	TVFE-221-I		PC控
		TVFF-221-I		PC控
		TVFE-221-II		PC控
		TVFF-221-II		PC控
22	西苑站	TVFE-222-I		
		TVFF-222-I		
		TVFE-222-II		
		TVFF-222-II		
23	北宫门	TVFE-223-I		
		TVFF-223-I		就地
		TVFE-223-II		
		TVFF-223-II		
24	安河桥			

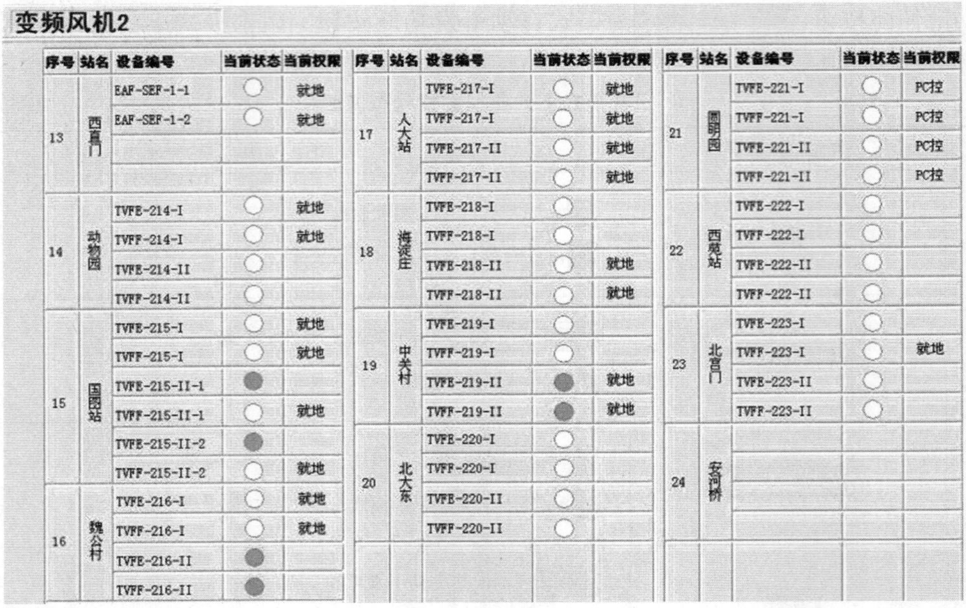

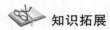

图 6-40 设备汇总界面

知识拓展

车站综控室内 IBP 盘的紧急操作

BAS 作为环境与设备监控系统，以监视为主，控制为辅。其中，部分机电设备为保证安全性一般不实行远程控制，如电扶梯设备。但是，当发生紧急情况下时，车站综控室内有另外一个设备，可对部分车站设备进行控制。

它就是 IBP 盘，紧急控制盘（或综合后备盘）。在此，简单介绍一下 IBP 盘的具体操作。

1. 隧道紧急通风系统的紧急操作

IBP 盘隧道紧急通风盘面，如图 6-41 所示。

操作人员通过 IBP 盘手动发出隧道火灾/阻塞紧急通风模式指令的操作步骤如下：

(1) IBP 盘隧道紧急通风区域的使能钥匙开关使能时可以控制此区域按钮，此时 IBP 此区域手动使能指示灯变成绿色。

(2) 操作人员按下需要执行的隧道火灾/阻塞紧急通风模式按钮，此模式对应的风向指示灯变为绿色（若模式执行按钮灯“快闪”表示模式执行中，“慢闪”表示模式执行失败，“常亮”表示执行成功）。

(3) 若需要模式复位，按隧道紧急通风分区的“模式恢复”按钮。

2. 车站紧急通风系统

IBP 盘车站紧急通风盘面，如图 6-42 所示。

操作人员通过 IBP 盘手动发出车站火灾紧急通风模式指令的操作步骤如下：

(1) IBP 盘车站紧急通风区域的使能钥匙开关使能时可以控制此区域按钮，同时 IBP 此区域手动使能指示灯变成绿色。

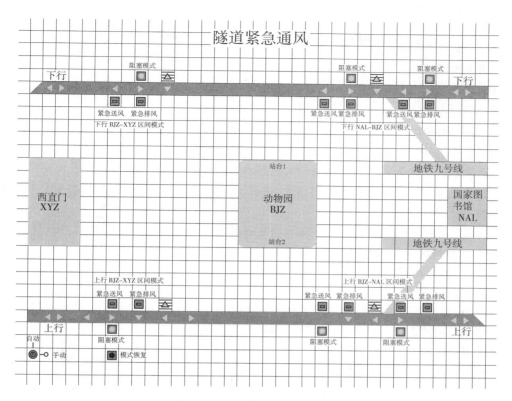

图 6-41 IBP 盘隧道紧急通风盘面

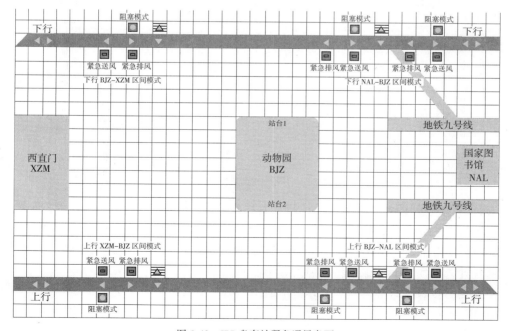

图 6-42 IBP 盘车站紧急通风盘面

(2) 操作人员按下需要执行的车站火灾紧急通风模式按钮。若模式执行按钮灯"快闪"表示模式执行中,"慢闪"表示模式执行失败,"常亮"表示执行成功。

(3) 若需要模式复位,按车站紧急通风分区的"模式恢复"按钮。

3. 牵引供电系统(750V,GDZ)

IBP盘牵引供电系统盘面,如图6-43所示。

操作人员通过IBP盘手动发出紧急断电控制指令的操作步骤如下:

(1) IBP盘牵引供电区域设置一个使能开关,使能开关处于使能位置时可以控制此区域按钮,同时IBP此区域手动使能指示灯变成绿色。

(2) 操作人员按下需要区域轨道断电的按钮,该区域轨道断电。

(3) 若不继续发出紧急断电控制指令,再按一下对应的紧急停电按钮,把IBP盘牵引供电区域使能开关打到"无效"位置。

(4) IBP盘牵引供电区域上设置区间紧急按钮屏蔽停电钥匙开关处于"无效"位置时,按下对应区间内的紧急停电按钮不起作用。

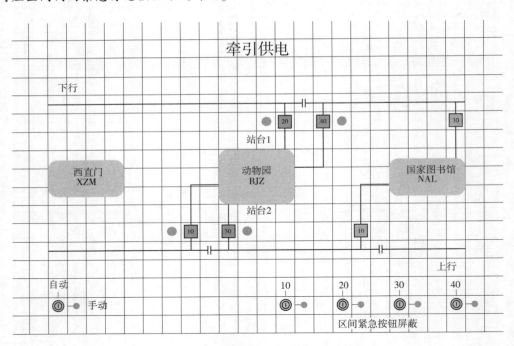

图6-43　IBP盘牵引供电系统盘面

(5) IBP盘牵引供电区域上设置区间紧急按钮屏蔽停电钥匙开关处于"有效"位置时,按下对应区间内的紧急停电按钮起作用。

注意:除需要发出紧急断电控制指令外,牵引供电区域的钥匙开关全部应该处于"无效",使能开关处于"自动"。

4. 安全门(PSD)

IBP盘安全门系统盘面图,如图6-44所示。

操作人员通过IBP盘手动发出单侧安全门应急开门命令的操作步骤如下:

（1）IBP盘安全门区域设置一个使能开关，使能开关处于使能位置时可以控制此区域开关，同时IBP此区域手动使能指示灯变成绿色。

（2）IBP盘安全门区域上旋钮开关处于"开门"位置时，IBP盘已手动发出单侧安全门应急开门命令。

（3）若不继续发出单侧安全门应急开门命令，把旋钮开关拨到"自动"位置即可。

（4）IBP盘安全门区域上旋钮开关处于"自动"位置时，IBP盘未手动发出单侧安全门应急开门命令。

（5）若安全门非正常状态声音报警，可以按"报警消音"按钮确认此报警。

5．信号系统（ATS）

IBP盘信号系统盘面，如图6-45所示。

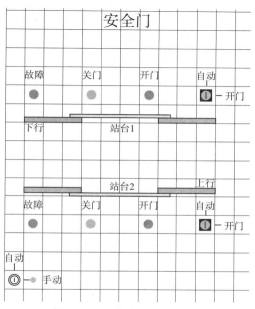

图6-44　IBP盘安全门系统盘面

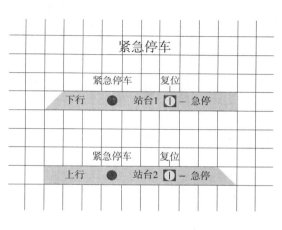

图6-45　IBP盘信号系统盘面

操作人员通过IBP盘手动启动紧急停车指令的操作步骤如下：

（1）IBP盘信号区域把旋钮开关拨到"急停"位置即可。

（2）若反馈紧急停车状态，会有列车紧急停止状态声音报警，可以按"报警消音"按钮确认此报警。

（3）若不继续发出紧急停车指令，把旋钮开关拨到"复位"位置即可。

6．综合区域

IBP盘综合区域盘面，如图6-46所示。

（1）操作人员通过IBP盘手动启动车站分闸模式指令的操作步骤

①IBP盘综合区域设置一个车站模式使能开关，使能开关处于使能位置时可以控制此区域按钮。

②若按下车站分闸模式"启动"按钮，PIS和AFC同时启动车站分闸模式。

③启动过程中，车站分闸模式"启动"按钮闪烁；启动完毕后，车站分闸模式"启动"按钮常亮。

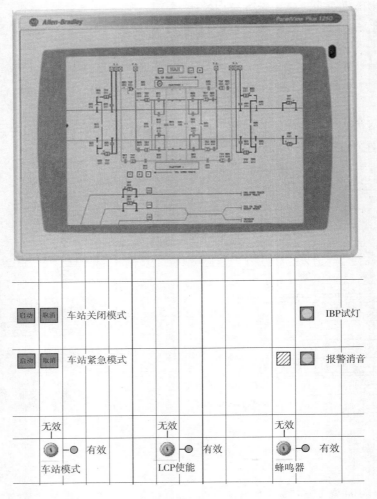

图 6-46 IBP 盘综合区域盘面

④若按下车站分闸模式"取消"按钮，PIS 和 AFC 同时取消车站分闸模式。

(2) 操作人员通过 IBP 盘手动启动车站紧急模式指令的操作步骤

①IBP 盘综合区域设置一个车站模式使能开关，使能开关处于使能位置时可以控制此区域按钮。

②若按下车站紧急模式"启动"按钮，PIS 和 AFC 同时启动车站紧急模式。

③启动过程中，车站紧急模式"启动"按钮闪烁；启动完毕后，车站紧急模式"启动"按钮常亮。

④若按下车站紧急模式"取消"按钮，PIS 和 AFC 同时取消车站紧急模式。

(3) "IBP 试灯"按钮的使用

按住"IBP 试灯"按钮，IBP 盘面上的指示灯和带灯按钮常亮；松开"IBP 试灯"按钮，IBP 盘面上的指示灯和带灯按钮熄灭。

（4）蜂鸣器的使用

①IBP 盘综合区域设置一个蜂鸣器使能开关，使能开关处于使能位置时蜂鸣器才可以使用。

②确认声音报警，按一下"报警消音"按钮。

7. AFC

IBP 盘 AFC 区域盘面，如图 6-47 所示。

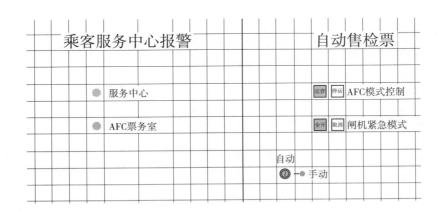

图 6-47　IBP 盘 AFC 区域盘面

（1）操作人员通过 IBP 盘手动启动车站运营/停运模式指令的操作步骤

①IBP 盘 AFC 区域设置一个车站模式使能开关，使能开关处于使能位置时可以控制此区域按钮。

②若按下车站运营模式"启动"按钮，AFC 启动车站运营模式。

③启动过程中，车站运营模式"启动"按钮闪烁；启动完毕后，车站运营模式"启动"按钮常亮。

④若按下车站运营模式"停运"按钮，AFC 启动车站停运模式。

（2）操作人员通过 IBP 盘手动启动闸机紧急打开指令的操作步骤

①IBP 盘 AFC 区域设置一个车站模式使能开关，使能开关处于使能位置时可以控制此区域按钮。

②若按下车站运营模式"全开"按钮，AFC 启动闸机紧急打开指令。

③启动过程中，闸机紧急打开模式"启动"按钮闪烁；启动完毕后，闸机紧急打开模式"启动"按钮常亮。

④若按下闸机紧急打开模式"取消"按钮，AFC 取消闸机紧急打开指令。

（3）蜂鸣器的使用

若有乘客服务中心报警及票务室声音报警，确认声音报警，按一下"报警消音"按钮。

8. 电扶梯

IBP 盘电扶梯区域盘面，如图 6-48 所示。

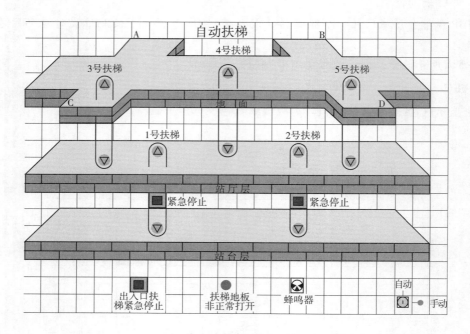

图 6-48　IBP 盘电扶梯区域盘面

若有设备非正常停止声音报警,确认声音报警,按"报警消音"按钮。注意如下五点:

①IBP 盘为优先级最高的输入设备,一旦按下,系统将立即执行相应的动作模式。因此,不得随意按下该 IBP 盘的按钮。

②IBP 盘在同一时间内只能有 1 个按钮被按下。如果有 2 个或更多的按钮均被按下,系统将只接收最先按下的按钮的指令。

③由于 BAS 可能会接收到来自 FAS、IBP 盘的车站和隧道火灾信号,按照同一时间只发生一次火灾的设计原则,对火灾信息的处理优先级如下:

1 级(最高):车站 IBP 盘(包括车站和隧道火灾)。

2 级(次高):FAS-BAS 接口(车站火灾)。

④同级别的火灾信号,先发优先;只有在原火灾复位之后,才接收新的同级信号。

⑤IBP 盘位于综合控制室操作台上,用于火灾时对设备进行紧急操作。

复习思考题

1. 简述暖通空调系统的功能与主要设备。
2. 简述车站暖通空调系统的控制方式。
3. 简述车站设备监控系统的基本操作内容。
4. 车站紧急通风系统的 IBP 盘面显示,如图 6-49 所示。简述车站操作人员通过 IBP 盘手动发出车站火灾紧急通风模式指令的操作步骤。

5. AFC 区域盘面信息显示,如图 6-50 所示。请简述工作人员通过 IBP 盘手动启动车站运营/停运模式指令的操作步骤。

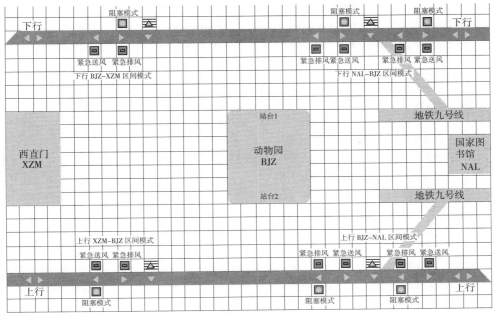

图 6-49 车站紧急通风系统的 IBP 盘面

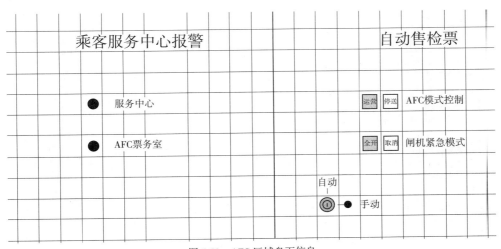

图 6-50 AFC 区域盘面信息

项目七　车站消防系统

【教学目标】

1. 了解地铁火灾特征；
2. 掌握火灾自动报警系统 FAS 组成；
3. 掌握气体灭火系统的灭火原理与特点；
4. 掌握 FAS 报火警、故障处理程序；
5. 掌握自动气体灭火系统的操作；
6. 掌握消火栓、各种灭火器的使用方法；
7. 掌握车站站厅、站台公共区火灾应急处理程序。

【建议学时】

12 学时

【知识体系与任务关系图】

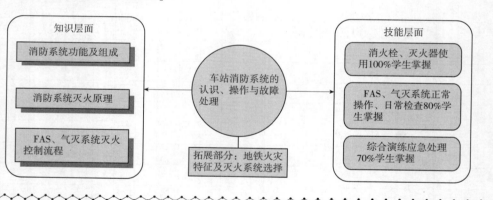

任务一　车站消防系统认知

在地铁车站中必须设置防灾管理的有关设备，以便对地铁可能发生的灾害进行预防和早期发现。其中发生概率最高、危害最大的是火灾(包括发烟)。在各项防灾措施中，应把防火和防烟放在首位。

思考：为防止火灾、减少火灾损失，地铁车站配备了哪些消防设施、设备？你见过何种形式的？分别在哪见到？它们各有何功能？

城市轨道交通的消防自控系统,包括防灾报警系统、水消防系统(消防给排水系统、室内外消火栓系统)、气体灭火系统、机电设备监控系统中涉及防灾控制部分的装置、环控系统中防排烟系统设备、应急疏散照明系统以及手持灭火设备等。

一、地铁火灾特征

1. 突发性强

地铁线长面广,客流量大,火灾发生的时间和地点具有不确定性,而且发生初期极具隐蔽性,不易发觉,一旦发现,已达到一定的危害范围和程度。因此,地铁火灾成灾的不确定性决定了地铁火灾的突发性。

2. 逃生困难

安全逃生途径单一,安全疏散通道外是唯一逃生途径,地铁区间隧道和车站内并无紧急避难场所,突发火灾事故中,大量乘客同时涌向狭窄的通道及楼梯,另有检票机等障碍物挡道,严重影响乘客快速逃生。地下垂直高度过高,一些地铁站修建在地下很深的地方,一般建在地下15m左右,考虑商业和战备兼顾的地铁,则一般建在深达30~70m左右的地下,突发火灾事故后,乘客从地下仅凭体力往地面逃生,既耗时,又耗力,安全逃生的把握性不大,对老弱病残的乘客而言,更是凶多吉少。个体逃生能力降低,火灾发生后,氧含量急剧下降,缺氧状态下的个体判断力下降,肌体活动力下降。允许逃生的时间过短,曾有试验表明:地铁的车厢起火后,快则1.5min,慢则8min之后就会出现对人体有害的气体。2~5min内,车厢内烟雾弥漫就无法看清楚逃生出口,相邻的车厢在5~10min内也会出现相同情形。试验证明,允许乘客逃生只有5min左右的时间。

3. 救援困难

火灾发生后,隧道内烟雾大,能见度低,散热慢,温度较高,起火点附近未进行防火保护的、作为隧道承重结构体的混凝土容易发生崩落,因此会阻碍火灾的扑救。此外,地铁发生火灾时,究竟发生在哪个部位,无法直观火场,需要详细研究地下工程图,分析可能发生火灾的部位和可能出现的情况,才能形成灭火方案。同时出入口有限,而且出入口又经常是火灾时的冒烟口,消防人员难以接近着火点,往往会延长扑救时间和增加喷水损失,扑救工作难以展开。再加上地下工程对通信设施的干扰较大,扑救人员与地面指挥人员通信联络困难,为消防扑救工作增加了障碍。相关资源见二维码22。

二维码22

4. 影响严重

地铁作为特大容量的公共交通工具,一旦发生事故,人员产生恐惧心理,很容易发生拥挤和踩踏事故,极易发生死伤。同时地铁投资巨大,火灾事故不仅个人生命财产和国家财产受到损害,而且易造成不良的社会影响,甚至引发市民对政府的信任危机,后果十分严重。

二、消防标志的意义及安装与设置的位置

1. 消防标志的意义

总结以往的火灾事故,往往是在发生事故的初期,人们看不到消防标志、找不到消防设施,而不能采取正确的疏散和灭火措施,以致造成大量人员伤亡。因此,消防标志不但是消

防官兵处理火险时的好帮手,也是群众在火灾危急关头的救命符。

2. 常见的消防标志

红色的消防标志牌用于说明各种消防设施、设备安装的位置,引导人们在发生火灾时采取合理正确的行动。常见的消防标志,如图7-1所示。

图7-1　常见的消防标志(红底)

3. 常见的绿色发光疏散指示标志

绿色的发光疏散指示标志,设置在疏散走道和主要疏散路线的地面或靠近地面的墙上。常见的绿色发光疏散指示标志,如图7-2所示。

图7-2　常见的绿色发光疏散指示标志(绿底)

想一想:你在地铁车站见过何种形式的消防标志?它们分别设置在哪里?各有何意义?

案例分析

国内外地铁火灾案例

1. 伦敦地铁火灾(1986年11月18日)

伦敦地铁的枢纽车站——国王十字地铁车站连接着通往英国东北部、苏格兰和约克郡的5条地铁干线。1986年11月18日傍晚18时左右,正是最忙的时间,来往的乘客正在匆忙地上下车。突然,自动电梯下面的一个机房燃起了大火并迅速蔓延,呛人的烟雾使人咳嗽、流泪、睁不开眼。大火迅速进入纵横交错的地下通道,不仅底层站台成了火海,上层的中央大厅也被烟火吞噬。惊慌失措的旅客在混乱中盲目乱闯,如惊弓之鸟般夺路而逃,有的在混乱中就被烧死,许多人被熏倒,被烧伤。

消防队员接到报警后迅速赶往现场救援。但由于事发突然,消防队员没有及时得到地铁通道分布图,也没有带氧气防护面罩,因此行动受到限制;再加上地铁车站地形复杂,火势凶猛,救援工作进展缓慢,至晚上20时40分,才控制了电梯和部分通道火势。当火势全部被扑灭时,已是次日凌晨1时45分。这时大火已经燃烧了4个多小时。

在这次大火中,共有32人葬身火海,100多人受伤,另有1名经验丰富的消防队员也在救火中以身殉职。

2. 韩国大邱地铁火灾(2003.2.18)

2003年2月18日,韩国第三大城市大邱市的地铁遭人蓄意纵火,但火灾发生后地铁方面消极应对,地铁设备调度室当班人员虽在18日上午9点53分左右在显示器上看到"火灾警报"四个字并听到警报声,但以平时常误报警为由,无视警报且未采取任何措施。行车调度员没有及时扣停驶向该站的载客列车;第二列车司机在不知火灾事实的情况下驶入该站,此时接触网停电列车无法开门,导致了更大的伤亡(198名遇难者中有114人为第二辆列车上的乘客)。大火从当地时间上午9时55分开始燃烧,约3个小时后即下午1时30分被扑灭。据不完全统计,此次大火至少造成196人死亡、289人失踪、146人受伤,并导致大邱市地铁系统陷入瘫痪,市中心秩序一片混乱。韩国大邱地铁火灾现场,如图7-3所示。

图7-3 韩国大邱地铁火灾现场

3. 芝加哥地铁火灾(2006.7.11)

据美国媒体报道,芝加哥当地时间7月11日夜间高峰期,该市一列北行的地铁列车发生出轨事件,引起火灾,导致大量乘客被迫紧急疏散。地铁工作人员称,事故发生后,至少120人被送往附近的医院接受治疗。芝加哥地铁火灾乘客逃生,如图7-4所示。

4. 北京地铁火灾(2005.8.26)

2005年8月26日早上,北京地铁2号线一列列车在运营中由于车辆老旧,导致风扇短路在运营中失火,对此地铁公司启动了应急预案,虽无乘客伤亡,但地铁和平门站着火发生异味之后冒起浓烟,火苗蹿起半米高。此次火灾列车司机呼吸道灼伤,内环地铁停运近50min;由于是上班高峰,导致环线地铁及地面交通部分瘫痪。北京地铁火灾燃着的车厢,如图7-5所示。

图7-4 芝加哥地铁火灾乘客逃生　　　　图7-5 北京地铁火灾燃着的车厢

思考:国内外曾多次发生地铁火灾事件,你知道原因是什么吗?这些案例警示了什么呢?

知识链接

火灾的分类

依据《火灾分类》(GB/T 4968—2008)国家标准,火灾根据可燃物的类型和燃烧特性,分为A、B、C、D、E、F、K七类,如表7-1所示。

火灾的分类　　　　　　　　　　　　　　　表7-1

种类	概念	物质燃烧性质及举例
A类火灾	指固体物质火灾	这种物质通常具有有机物质性质,一般在燃烧时能产生灼热的余烬,如木材、煤、棉、毛、麻、纸张等火灾
B类火灾	指液体或可熔化的固体物质火灾	如煤油、柴油、原油、甲醇、乙醇、沥青、石蜡等火灾
C类火灾	指气体火灾	如煤气、天然气、甲烷、乙烷、丙烷、氢气等火灾
D类火灾	指金属火灾	如钾、钠、镁、铝、镁合金等火灾
E类火灾	带电火灾	物体带电燃烧的火灾
F类火灾	烹饪器具内的烹饪物(如动植物油脂)火灾	烹饪器具内的烹饪物(如动植物油脂)火灾
K类火灾	食用油类火灾	通常食用油的平均燃烧速率大于烃类油,与其他类型的液体火相比,食用油火很难被扑灭,由于有很多不同于烃类油火灾的行为,它被单独划分为一类火灾

三、防灾报警系统

1. 防灾报警系统概述

防灾报警系统简称 FAS(Fire Alarm System)，其主要功能是通过在城市轨道交通车站、主变电所及车辆段等建筑内按规范设置烟感、感温或红外线等探测器对火灾进行监测，将火灾报警信息传送到车站及控制中心，并自动联动防灾设备运行，达到火灾预警及防灾救灾的目的。

2. 防灾报警系统构成及功能

全线火灾自动报警系统由控制中心级和车站/控制室级二级监控管理方式构成。控制中心级实现对全线火灾自动报警系统集中监视和管理；车站级在各车站、车辆段、停车场设火灾报警控制器，对其所管辖范围独立执行消防监控和管理。FAS 主要由控制中心级设备、车站级设备，现场各类探测器、输入模块、输出模块、控制模块、手动火灾报警按钮、消防电话等设备，以及全线设备维修维护系统等组成。

（1）控制中心

①控制中心级设备。配置两台计算机，分别为监控管理操作终端和历史资料存档管理操作终端；可以以图形和文本两种方式处理事件；能对事件进行合理分类及过滤筛选；可以通过对事件储存文件的分析，了解何时发生何事，便于分析事件发生的原因。

②控制中心功能。监视全线火灾自动报警系统设备的运行状态，接收全线各车站、车辆段、停车场、主变电所等发送的火灾报警信息，监控设备的运行状态及故障信息。当发生各种报警信号或故障信息时，应及时以地图式画面在 FAS 工作站上显示信息，打印各类信息报警时间、地点，启动火灾报警的声光报警信号，并储存、实时打印故障、设备维修等其他各项记录；记录存档，按信息类别进行历史资料档案管理。

（2）车站火灾自动报警系统

①车站级设备。由火灾报警控制盘、图形监视工作站计算机、双电源自切箱、消防专用电话、各类探测器、手动报警按钮、电话插孔、隔离模块、输入模块、输出模块等构成，如图 7-6～图 7-11 所示。FAS 和自动气体灭火系统设有接口，接收气体灭火系统的故障信号和每个保护区的预警信号、报警信号、喷放信号、手/自动信号。FAS 和 BAS、通信、给排水、环控等设备设有接口。

②车站级功能。负责监视车站 FAS 设备的运行状态，接收火灾报警信号，并显示报警部位，优先接收控制中心发出的消防救灾指令和安全疏散命令。通过火灾报警控制盘上的数据接口或消防联动控制盘上的手动控制按钮，向其连锁系统，发出模式指令。

（3）维护中心

维护中心是全线系统的设备与信息的管理中心。维护工作站能实现接收、显示、储存、统计、查询、打印全线火灾报警系统所有设备和联动设备的状态信号。建立、保存火灾报警系统设备维修计划及档案等全线历史数据。

3. 防灾报警系统运转模式

（1）监视模式

在正常状态下，火灾报警控制器及车站现场设备均处于监视状态；车站图形显示终端显示车站各处的平面及车站现场设备状态。火灾报警控制器自动巡视车站设备的状态，巡检一次时间不超过 2s。

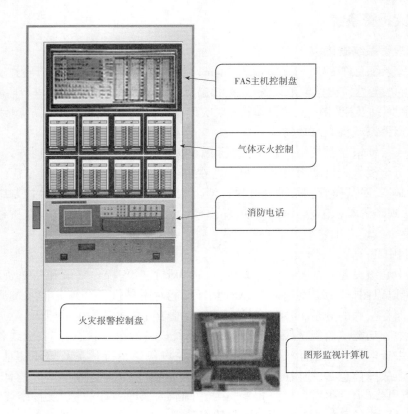

图 7-6 车站 FAS 室内设备

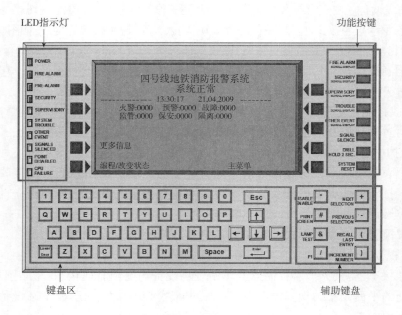

图 7-7 火灾报警主机操作盘面板

项目七　车站消防系统

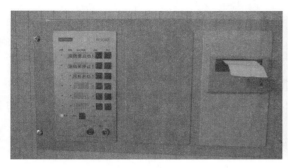 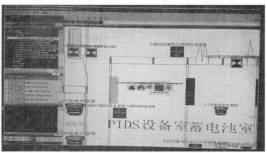

图 7-8　FAS 联动控制盘　　　　　　　图 7-9　图形监视工作站计算机显示页面

a)红外火焰探测器　　b)智能感烟探测器　　c)智能感温探测器　　d)破玻式手动报警器

图 7-10　各类探测器、手动报警按钮

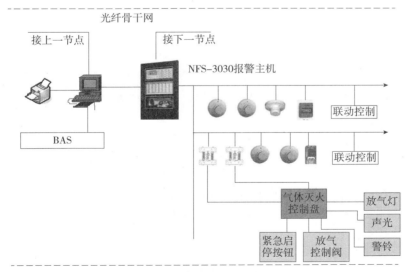

图 7-11　车站级 FAS 构成框图

（2）车站 FAS 的运行方式

①FAS 在正常情况下处于广播、系统手动联动状态；在人员暂时离开时将控制显示联动板上的广播切换和系统切换旋钮切换到自动联动状态。

121

②当 FAS 处于广播、系统手动联动状态时,当 FAS 确认现场有火警后只进行报警,不进行相应的广播及系统设备联动。当确定是火灾后,首先人为用钥匙将控制显示面板上的系统封锁旋钮切换到正常位置,然后在控制显示面板上人为用钥匙进行以下操作:

a. 系统切换旋钮切换到自动状态,系统将启动系统联动设备;

b. 广播切换旋钮切换到自动状态,系统将启动消防广播。

③当 FAS 处于广播、系统自动联动状态时,在系统确认火警后进行报警并自动进行消防广播及自动启动系统联动设备。

④具体操作即火灾处理流程,参见图 7-12 所示。

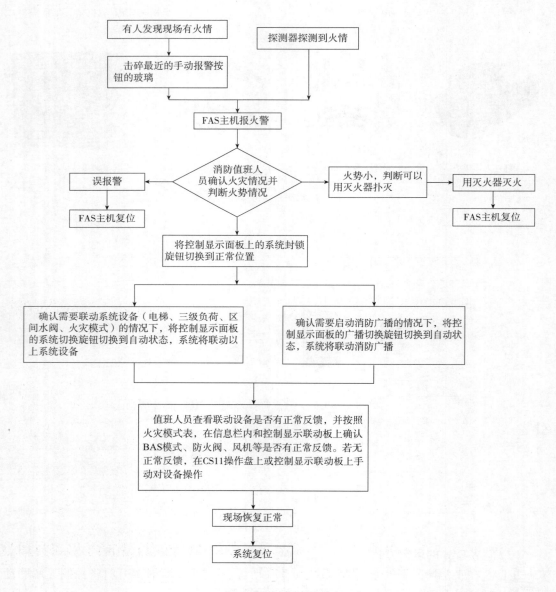

图 7-12 火灾处理流程

4. 正常运行情况下,各设备的正常状态

(1) 图形监视工作站计算机应正常工作,图面上无任何事件。

(2) 火灾报警控制器操作盘:信息按钮左边的灯亮,按下信息按钮,信息栏内显示的内容只有无人值班。系统正常运行灯亮,其余灯均不亮,面板上无其他内容。

(3) 控制显示联动板(广播手动、系统手动):广播切换位于手动位置、系统切换位于手动位置、系统封锁位于封锁位置,保证切换开关的钥匙在控制显示联动板上。

(4) 充电器:处于打开状态,正常的两个灯(交流电、直流电)亮。

(5) 打印机处于不间断工作状态,走纸须正常,打印字迹应清晰。

(6) 消防电话主机、消防电话分机、便携式消防插孔电话、电话插孔应工作正常。

(7) 各类探测器、模块、手动报警器、感温电缆、警铃应工作正常。

(8) 充电装置、24VDC 直流电源箱自动切换装置应工作正常。

(9) 所有设备外观无损坏。

四、自动灭火系统

1. 自动灭火系统概述

(1) 自动灭火系统的选择

地铁消防应根据不同部位的环境条件、器材安装、设备特点等要求,选择相应的灭火系统和器材。

①在车站的公共区,应以消防栓系统为主,将整个车站覆盖在消防栓的保护范围内;

②在车站的设备用房,由于仪器众多、设备复杂,在此类相对封闭的区域应以气体自动灭火系统为主;

③自动喷水系统在公共区的作用不是很显著,甚至会造成地滑影响人群疏散的速度,因而在车站的公共区可不设置自动喷水灭火系统;

④在区间隧道中要沿线布设消防栓灭火系统,条件允许时还可在区间隧道中加装移动式灭火系统;

⑤移动式灭火系统宜采用泡沫灭火剂;

⑥无论是在车站、区间隧道、地铁列车上,都要配备一定数量的灭火器。

(2) 自动灭火系统的意义

在城市轨道交通工程中,自动灭火系统保护对象的火灾类型主要包括 A 类和 E 类火灾。诸如主变电站、变配电站、信号设备室及车站控制室等保护对象,属于车站的重要部位,不但设备价格昂贵,而且发生火灾等意外事故时容易导致城市轨道交通中断,影响整个城市轨道交通的运行安全。因此上述场所均采用自动灭火系统进行保护。

自动灭火系统由储存输送灭火介质的管网子系统和探测报警的控制子系统组成。平时由后者监视防护区的状态,并按预先设定的控制方式启动灭火装置,达到扑救防护区火灾的目的。

(3) 常见自动灭火系统

目前常见的自动灭火系统主要归纳为以下几大类:CO_2、气溶胶、惰性气体灭火系统、卤代烃类化学气体灭火系统和水灭火范畴的细水雾系统。其中 CO_2 灭火系统和气溶胶灭火系统不适用于城市轨道交通。

2. 细水雾灭火系统

(1) 细水雾灭火系统的原理

使用经过特殊构造的细水雾喷嘴,通过水与雾化介质作用而产生水微粒,水微粒受热蒸发产生体积急剧膨胀的水蒸气(大约1700倍)。上述过程一方面冷却燃烧反应;另一方面,大量产生的水蒸气能降低封闭火场的氧浓度,起到窒息燃烧反应的作用,达到双重物理灭火的效果,如图7-13所示。

a)细水雾灭火系统灭火场景①

b)细水雾灭火系统灭火场景②

c)细水雾灭火喷头

图7-13 细水雾灭火

(2) 细水雾灭火系统的特点

细水雾灭火系统的特点,如表7-2所示。

细水雾灭火系统的特点　　　　　表7-2

优点	①灭火介质水源容易获取,灭火的可持续能力强; ②优良的火情抑制能力,既起冷却作用又有效隔绝辐射热; ③有效除去火灾区域内的烟气; ④可承受一定限度的通风,对防护区密闭要求相对较低; ⑤无浓度方面的限制,对人体无害,环保性能高; ⑥既可局部应用,保护独立的设备或设备的一部分,又可作为全淹没系统,保护整个防护区; ⑦对大、中空间场所的保护具有技术和经济方面的优势
缺点	①灭火速度较气体灭火系统慢; ②系统选型和设计受水雾本身和被保护对象的影响大,个性化要求高; ③灭火介质为水,这样对保护区电源系统的要求也较高; ④系统喷放后对电子、电气设备造成的二次危害程度,需要通过实体火灾试验来确定

3. 气体灭火系统

(1) 自动气体灭火系统概述

城市轨道交通采用的气体灭火系统,主要有二氧化碳灭火系统、卤代烷灭火系统及烟烙烬气体灭火系统等。具体介绍如下几种：

①七氟丙烷气体灭火系统。七氟丙烷气体不导电，不破坏大气层，在常温下可加压液化，常温常压条件下能全部挥发，灭火后无残留物；全淹没系统可以扑救A、B、C类和电气火灾，可用于保护有人场所。

②二氧化碳灭火系统。它适用于扑救A、B、C类及电气火灾。它主要是依靠高浓度的二氧化碳喷放至所保护的区域，使其中的氧气浓度急速下降稀释至一定浓度，并产生窒息作用，使燃烧无法继续进行下去。但此种灭火机理会严重影响停留在保护区域中的人员生命安全及健康，因此不能用于有人场所。二氧化碳（高压、低压）系统在释放过程中由于有固态二氧化碳（干冰）存在，会使防护区的温度急剧下降，可能会对精密仪器设备有一定影响；系统对释放管路和喷嘴造型有严格的要求；如设计、施工不合理，会因释放过程中产生大量干冰阻塞管道或喷嘴造成事故。

③气溶胶灭火装置。目前国内工程上应用的气溶胶灭火装置都属于热型的；热气溶胶以负催化、窒息等原理灭火；灭火后有残留物，属于非洁净灭火剂；适用于变配电间、发电机房、电缆夹层、电缆井、电缆沟等无人、相对封闭空间较小的场所；适用扑救生产、储存柴油（35号除外）、重油、润滑油等丙类可燃液体的火灾和可燃固体物质表面火灾。

气溶胶灭火装置不能用于保护经常有人场所，不能用于保护易燃易爆场所，不能用于管网输送系统。

④新型惰性气体灭火系统IG-541。IG-541灭火剂是由氮气（N_2、52%）、氩气（Ar、40%）和二氧化碳（CO_2、8%）三种气体组成的无色、无味、无毒的混合气体，不破坏大气臭氧层，对环境无任何不利影响，不导电，灭火过程洁净，灭火后不留痕迹（所以又称洁净气体）；适用于扑救A、B、C类及电气火灾，可用于保护有人场所。IG-541惰性气体灭火系统储存压力15～20MPa（20℃）属于高压系统。该系统对灭火药剂的气体配比、储存瓶、管路、阀门、喷嘴储存间以及周围环境、温度的要求严格；系统设备的制造及安装工艺相对复杂。

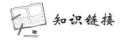

1301灭火器名字的由来

1301灭火剂的化学名称为三氟一溴甲烷，分子式为CF_3Br，因其中碳原子（C）的数量为1、氟原子（F）数量为3、氯原子（Cl）的数量为0、溴原子（Br）的数量为1，故简称为卤代烷1301，也称为"哈龙气体"。由于卤代烷破坏臭氧层，对人类的大气环境造成极大的破坏，故而在近年遭到世界各国（包括中国）的一致禁止。

(2) 卤代烷类气体灭火系统

①卤代烷类气体灭火系统的原理。卤代烷类气体灭火剂通过化学作用抑制燃烧过程中的化学反应达到灭火目的。常用的有两种，即七氟丙烷和三氟甲烷；按储存压力又分为2.5MPa（低压）与4.2MPa（高压）两类。影响其灭火效果的主要因素与其他气体灭火系统相同，一方面是防护区封闭情况，另一方面是灭火介质来源受限，不可以持续灭火。

②卤代烷类气体灭火系统的特点。如表7-3所示。

卤代烷类气体灭火系统的特点　　　　　表7-3

优　点	缺　点
适用范围广,适用于任何一种防护区类型,对中、小空间场所的保护具有技术和经济方面的优势	在灭火过程中产生的热腐蚀产物(如 HF)容易对精密仪器造成损害,气体喷放后需要及时开启排风系统
灭火效率高,其单位体积防护区空间所用气量要远低于通过物理作用达到灭火目的的其他灭火剂,该类系统储存量较少,单个气瓶占用的面积较少,是惰性气体类灭火系统的1/2	卤代烷灭火剂与哈龙气体都属于氟系列的灭火剂,在大气中存活时间长,同时温室效应值高,不利于环保
前期造价较低,在规模小、防护区集中的车站,在造价上有一定的优势,与惰性气体灭火系统比较,造价比约为3:4	灭火介质单价高,占初期投资比例高,维护充装费用要高于惰性气体灭火系统

(3) 惰性气体类灭火系统

①惰性气体类灭火系统的原理。惰性气体类灭火系统的原理是,主要靠物理窒息作用将防护区内的氧气浓度降低至不支持燃烧的范围而达到灭火的目的。影响其灭火效果的主要因素与其他气体灭火系统相同,一方面是防护区封闭情况,另一方面是灭火介质来源受限,不可以持续灭火。目前最常见的有三种,即氮气、烟烙烬 INERGEN (IG-541)和氩气。惰性气体灭火介质取自于大气,属环保型灭火剂。

②惰性气体类灭火系统的特点。惰性气体类灭火系统的特点,如表7-4所示。

惰性气体类灭火系统的特点　　　　　表7-4

优　点	缺　点
它是纯天然的洁净气体灭火剂。使用它灭火时,只是将气体放回大自然中去,不会对大气臭氧层产生任何破坏作用,是真正的绿色环保灭火剂	高达 15MPa(20MPa) 的储存压力使系统对各产品部件的承压标准、密封效果、输送管道的施工质量及维护管理提出了较高的要求
在灭火过程中无任何分解物,平时以气态储存,喷放时不会形成浓雾或造成视野不清,使人员在火灾时能清楚地分辨逃生方向	以窒息的物理作用灭火,设计浓度高,气瓶数量多
系统保护距离较长,一般在车站两端各设置一个气瓶室即能满足消防系统要求。建筑布置灵活,能充分体现组合分配式系统的优点	惰性气体单个气瓶室占用的面积相对卤代烷灭火系统大,虽然总的气瓶室数量少,但气瓶室占用的总面积与卤代烷灭火系统相差无几
维护充装费用要低于卤代烃类气体灭火系统	灭火时会产生较高正压,所以对防护区结构要求较高

知识链接

"烟烙烬"(INERGEN)是由惰性(INERT)和氮气(NITROGEN)两个英文名称缩写而成的。它是由几种特定的惰性气体经过简单的物理方式混合而成。这些特定的惰性气体包括氮气、氩气和二氧化碳,其中氮气占52%、氩气占40%,其余8%为二氧化碳。医学试验证明,人体在12.5%的氧气浓度和2%~5%的二氧化碳浓度的环境下呼吸,人脑所获得的氧量与正常的大气环境所获得的氧量是一致的。因此烟烙烬气体不会对人体造成直接伤害。

烟烙烬自动气体灭火系统的优点:

a. 灭火药剂由大气的气体组成,符合环保要求;

b. 保障现场工作人员的安全;

c. 不会产生任何酸性化学分解物,对精密贵重的设备无任何腐蚀作用。

因此,该系统成为目前世界上最流行的气体灭火器系统。

4. 烟烙烬 IG-541 气体灭火系统

(1) 烟烙烬 IG-541 气体灭火系统的灭火原理

作为灭火药剂的 IG-541 气体,由 52%的氮气、40%的氩气和8%的二氧化碳这三种自然存在于大气中的气体组成,对扑灭 A、B、C 类火灾有效。当 IG-541 气体依规定的设计灭火浓度喷放于需要保护的区域中时,可以在 1min 之内将区域内的氧气迅速降至 12.5%,使燃烧无法继续进行。同时,在这样低的氧气浓度下,由于保护区域中的二氧化碳浓度已从自然状态下的低于1%提高到4%,促使人的呼吸速率比平时加快,可以在单位时间内吸入更多的氧气以维持正常的生命所需。其中的氩气,还具有加强 IG-541 气体在所保护区域中的流动性、进一步提高灭火效率的作用。

(2) 烟烙烬 IG-541 气体灭火系统的组成

IG-541 混合惰性气体灭火系统由控制报警子系统和管网子系统两部分组成。控制报警子系统由自动灭火系统集中报警控制器及现场灭火控制盘、光电感烟探测器、差定温探测器、警铃、声光报警器、气体释放指示灯、辅助联动电源箱(含蓄电池)设备等组成。管网子系统包括储存装置、启动装置、分区控制阀、喷嘴、输送管路及其他附件组成。气体灭火系统设备的配置,如图 7-14 所示。

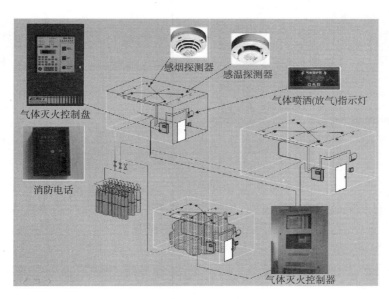

图 7-14　气体灭火系统设备的配置

① 控制报警子系统

a. 气体灭火控制器主机。气体灭火控制器主机(见图 7-15)是实现逻辑控制处理的核心部件。当系统的探测器收集到火灾报警信号并传送到中央控制单元后,气体灭火控制器主机进行火灾报警条件判断,在确认火灾情况下发出相应的电压信号,控制相关的报警器响应,并联动相应的设备动作,控制钢瓶上的启动阀开启。

b.气体灭火就地控制盘,如图7-16所示。

气体灭火就地控制盘REL盘安装于防护区门外侧,它是用于控制防护区内的气体灭火设备。在紧急情况下,按下手动释放按钮人为启动灭火系统;或者在发现误启动后的延时时间内,按下释放停止按钮,紧急切断灭火信号,终止灭火系统的启动。REL盘下方的红色按钮为手动启动按钮,绿色按钮为手动停止按钮。按下红色按钮,在经过延时时间后即可喷气灭火;在延时时间内,按下绿色按钮,即可停止喷气程序。

正常情况下,REL盘内的所有指示灯应该是绿色,主要有:主电指示灯,手动指示灯,自动指示灯等。如有灯闪或红灯亮,即为故障或报警;如遇故障,请及时通知FAS维修人员。

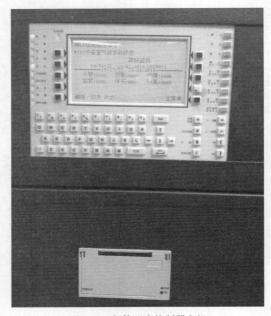

图7-15 气体灭火控制器主机

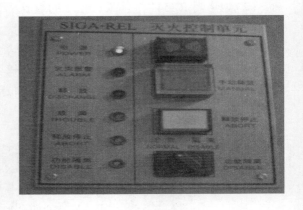

图7-16 气体灭火就地控制盘

c.火灾探测器。在气体灭火系统里,火灾探测器能及时地将保护区内的温度变化、空气中的颗粒浓度变化,光的亮度等火灾发生的特征信息转换成电信号,发送到中央控制指挥单元。目前常见的火灾探测器有感温型、感烟型和红外对射等。探测器是收集火灾信息的设备,所以必须要有合适的灵敏度,需要定期地进行测试和清洗。为了避免误报,在探测区内不应人为地制造火灾信息。

d.声光报警设备。声光报警设备主要由警铃、蜂鸣器、事故广播等组成,起到报警和通知人员疏散的作用。当听到声音报警或看到光报警后,值班人员必须及时确认并复位或救灾。当发现火灾不能扑灭时,必须及时组织人员疏散。

警报装置分别有探测器预警、确认报警、气体释放报警三种。

在每个防护区内有警铃。当防护区内一个探测器报警后,保护区内警铃会报警,提示现场可能有火情。在每个防护区内外分别安装了声光报警器。当防护区内有两个探测器报警后,系统确认火警,保护区内外的声光报警器发出警报声响,提示现场有火情。警铃和声光报警器,如图7-17所示。

e. 在每个保护区门外侧上方装有气体释放指示灯,气体释放时,灯自动点亮,提示防护区外人员气体正在释放,不能进入。气体释放指示灯,如图7-18所示。

a)警铃

b)声光报警器

图7-17　警铃和声光报警器　　　　　　　　　　图7-18　气体释放指示灯

② 管网子系统

a. 气瓶及其组件。它是用以储存气体灭火系统灭火介质的设备,如图7-19所示。它安装在专用的气瓶间内,房间环境处于室温及湿度变化不大,比较干燥,不能阳光直射的地方。气瓶的数量多少取决于灭火介质的灭火浓度、所保护区域的容积。气瓶需要严格管理,人员进出必须登记,并且严禁在气瓶室内擅自进行无关的作业。

b. 高压软管,如图7-20所示。

图7-19　气体灭火系统气瓶　　　　　　　　　　图7-20　高压软管

c. 集流管,如图7-21所示。

d. 启动阀(见图7-22)。它安装在主动钢瓶的瓶头阀或选择阀上。目前使用的启动阀主要有电磁阀和电爆管两种类型,只需很低的电压或电流即可产生很大的冲击力,将阀门打开,从而释放气体。

e. 压力开关选择阀,如图7-23所示。

f. 输送管网。它由无缝钢管连接而成,从气瓶间敷设到所需要保护的区域,需要用明显的红色漆以区分其他的管道。管道的安装需要经过水压测试,以达到所需的强度。管道安装必须牢固,防止高压气体喷放时导致管道散落。在维护保养中,应着重检查管道是否畅通,相应阀门等设备是否正常。

图 7-21　集流管

图 7-22　启动阀

图 7-23　压力开关选择阀

烟烙烬 IG-541 气体灭火系统的管网系统,如图 7-24 所示。

g. 喷头,如图 7-25 所示。

(3) 烟烙烬 IG-541 气体灭火系统的操作与控制

气体灭火系统运行模式根据控制方式的不同可以分为三类,自动控制模式、手动控制模式和机械应急操作模式。在不同的模式下,操作方法不同。

① 自动控制模式。它是指系统从火灾探测器报警到关闭联动设备和释放灭火剂,均由系统自动完成,不需人员介入的操作与控制方式。

② 手动控制模式。它是指人员发现起火或接到火灾自动报警信号并经确认后,启动手动控制按钮,通过灭火控制器操作联动设备和释放灭火剂的操作与控制方式。

③ 机械应急操作模式。它是指在自动与手动操作均失灵时,人员用系统所设的机械启动机构释放灭火剂的操作与控制方式,在实施前必须关闭相应的联动设备。

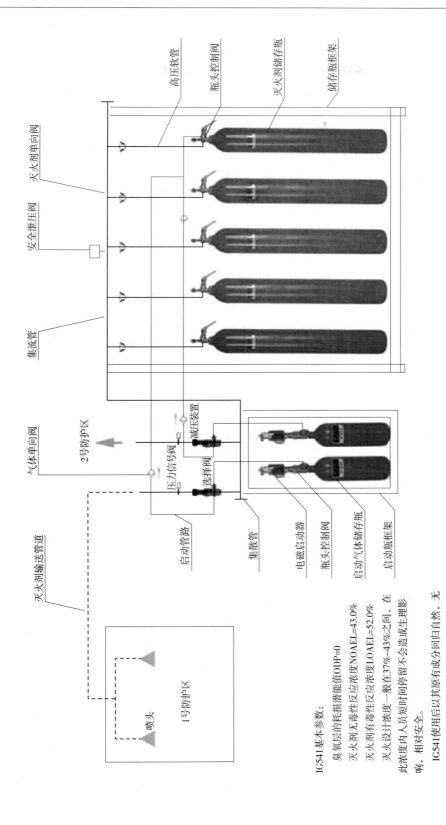

图7-24 烟烙烬IG-541气体灭火系统的管网系统

图7-25 喷头

（4）烟烙烬IG-541气体灭火系统灭火控制流程

当某一防护区火灾被确认后，现场气体灭火控制盘经延时启动火灾区域相对应的启动装置，向防护区释放灭火剂。在延时阶段现场气体灭火控制盘将完成相关设备的联动，在此阶段值班人员也可直接按下手动释放装置或通过紧急机械手动装置直接启动灭火装置。

IG-541混合惰性气体灭火系统设自动控制、手动控制和机械应急操作三种启动方式。

①自动控制方式：控制系统处于自动工作状态，系统自动完成火灾探测、报警、联动控制及灭火整个过程。联动步骤为：

a.防护区内的单一类型探测器探测到火灾信号后，自动关闭该房间的防火卷帘、防火阀、防火百叶，同时向FAS提供火灾预报警信号。并通过现场气体灭火控制盘启动设在该防护区域内的警铃。

b.同一防护区内的两种不同类型智能探测器同时探测到火灾信号后，通过现场气体灭火控制盘启动设在该防护区域内外的声光报警器，同时向FAS输出火灾确认信号，并进入延时状态（延时时间为0~30s可调）。在延时过程中，控制盘输出信号，打开管道的选择阀。如在延时阶段发现是系统误动作，或防护区确有火灾发生但仅使用手提式灭火器和其他移动式灭火设备即可扑灭的情况下，工作人员可按下设在防护区域门外的紧急停止开关暂时停止释放药剂（直至系统复位）。如需继续开启气体灭火系统，则只需松开紧急停止开关进行即可继续完成气体喷放过程（或因灭火控制产品的不同，可依据自定的操作方式）。

c.延时结束时，现场气体灭火控制盘输出有源信号启动电磁阀释放气体，气体通过管道输送到防护区。此时，压力开关上的触点开关动作将气体释放信号传至现场气体灭火控制盘，由现场气体灭火控制盘启动防护区外的释放指示灯。防护区域门内外的声光报警器在灭火期间将一直工作，警告所有人员不能进入该防护区域，直至火情熄灭。

②手动控制方式：是指现场控制盘处在手动工作模式下，通过防护区外的紧急释放按钮，使系统实施联动控制并释放灭火剂。

③机械应急操作方式：它是气体灭火系统自动控制和手动控制均不能启动电磁阀或有必要时采用的一种应急操作。该功能是通过在瓶头阀上一个机械启动器，用人为的拉力开启相应瓶头阀（后启动）和选择阀（先启动）释放灭火气体。

IG-541混合惰性气体灭火系统火警操作过程，如图7-26所示。

（5）烟烙烬IG-541气体灭火系统的主要接口

系统主要接口有与通风和空调系统的接口、与火灾自动报警系统的接口、与低压配电系统的接口。

五、其他消防设备

为在第一时间对火势进行控制，尽可能降低火灾带来的损失，消减对乘客的安全隐患，城市轨道交通车站配备有足够数量的常用消防设备，如消火栓、手提式灭火器等。相关资源见二维码23。

车站工作人员必须了解和掌握车站基本的消防设施和设备的使用方

二维码23

法,如消火栓、灭火器、防烟面具、空气呼吸器等;掌握其配置情况,熟悉其配置地点,以便能独立熟练操作。

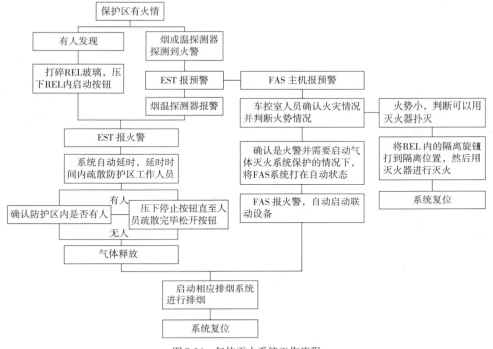

图 7-26　气体灭火系统工作流程

1. 消火栓

消火栓(见图 7-27)是消防供水设备的终端,在灭火时提供较高压力的水源供直接灭火或为消防车供水。

每座车站及相邻区间隧道的消火栓系统由消火栓泵、管道、若干消火栓箱组成。

(1)车站内消火栓:箱内配有双头双阀消火栓一只、水带两盘、多功能水栓两只、消防电话插孔和水泵启动按钮,箱门面板上还装有手拉报警装置。

(2)隧道内消火栓:区间隧道内消火栓水源来自相邻两座车站,其消防水管与相邻车站管道贯通。隧道内每隔 45m 设置一只消火栓箱,箱高 0.9m、宽 1.2m。箱内配有双头阀消火栓、水带、水枪、消防电话插孔和水泵启动按钮。

图 7-27　消火栓箱

2. 灭火器

(1)灭火器的用途

灭火器担负的任务是扑救初起火灾。一个质量合格的灭火器,如果使用得当,扑救及时,可将一切损失巨大的火灾扑灭在萌芽状态。因此,灭火器的作用是很重要的。

(2)灭火器的种类

灭火器的种类,按充装灭火剂的类型来划分,常见的有如下四种,相关资源见二维码24。

①干粉灭火器药剂的主要成分是碳酸氢钠,即小苏打和磷酸氢二铵,如图7-28所示。干粉灭火器适用于易燃、可燃液体、气体及带电设备的初起火灾(A、B、C类火灾)。

②二氧化碳手提式灭火器结构简单、操作灵活、使用方便,具有灭火速度快、效率高,可连续或间歇喷射等优点,如图7-29所示。它适用于扑救油类、易燃液体、固体有机物、气体和电气设备的初起火灾。

二维码24

图7-28　手提式干粉灭火器　　　　图7-29　二氧化碳灭火器

③泡沫灭火器(见图7-30)内有两个容器,分别盛放两种液体,它们是硫酸铝和碳酸氢钠溶液;两种溶液互不接触,不发生任何化学反应(平时千万不能碰倒泡沫灭火器)。当需要泡沫灭火器时,把灭火器倒立,两种溶液混合在一起,就会产生大量的二氧化碳气体,由于泡沫灭火器喷出的泡沫中含有大量水分,它不如二氧化碳液体灭火器,灭火后不污染物体,不留痕迹。泡沫灭火器主要适用于扑救各种油类火灾和木材、纤维、橡胶等固体可燃物火灾。

④清水灭火器(见图7-31)采用清水作灭火药剂,加入一定量的添加剂,可扑灭纸张、木材、纺织品等引起的A类火灾。

图7-30　泡沫灭火器　　　　　图7-31　清水灭火器

任务二　消防系统日常检查

工具准备:消防实训设备。

知识准备:见本项目任务一中"车站消防系统知识"。

实施方式:本任务由教师示范操作,学生分组实际操作为教学过程。

实训工作页 7-1　消防设备的日常检查

1. FAS 的日常检查	
检查周期	检查内容
每日检查	对 FAS 主机、探测设备、报警类设备、消防电话系统设备进行外观检查。控制盘、联动盘(箱)和图形监视工作站计算机在位且完整,显示系统正常运行,无报火警信息,设备卫生良好。使用单位值班人员每日应检查集中报警控制器和区域报警控制器的功能(如火警功能、故障功能、复位、消音等)是否正常,有关指示灯有无损坏;值班人员应将每日检查、处理问题情况记录在日记录表中
每周检查	进行主、备电源自动转换试验

2. 气灭系统的日常检查	
检查周期	检查内容及查看结果
每日检查	(1)查看气灭 EST 主机工作情况: ①要求控制盘箱体外观完好,面板显示正常运行,无报警信息。 ②查看气灭 EST 主机日期、时间,要求日期、时间正确。 ③对气灭 EST 主机试灯,要求气灭主机试灯正常。 (2)操作标识、手/自动开关、紧急启动按钮及紧急止喷按钮在位且完整。 (3)探测器、警铃、蜂鸣器、灭火指示牌在位且完整;管道、喷头安装牢固,无遮挡
每周检查	查看储瓶间防护区的工作情况,同时检查气瓶压力、设备外观;同时还在每周对气灭控制盘内部环境进行查看

3. 消火栓的日常检查	
检查周期	检查内容
日常检查	(1)封条完好,则箱内设备完好,否则按照规定进行开箱检查:消防栓箱门开启无异常、无漏水,水带无破损,水枪配套,阀门不锈蚀,箱体内外不锈蚀;数量无缺。 (2)消火栓箱里外应保持无灰尘、无碎屑、纸屑等杂物。 (3)消火栓箱门玻璃、把手应保持完好无损。 (4)消火栓箱周围 1m 范围内无任何物资(物品)。 (5)应保持编号标签及箱内检查记录表的完好无损

4. 灭火器的日常检查	
检查周期	检查内容
日常检查	(1)灭火器箱封条是否完好。灭火器箱封条有效期一个月,封条到期后必须开封检查箱内设施,确认完好后重新贴上封条。若封条破坏或没有封条,则打开检查箱内设备是否在位、完整有效;灭火器配置位置无变动,无丢失和挪用。 (2)灭火器箱里外应保持无灰尘、碎屑、纸屑等杂物。 (3)灭火器箱应在指定标志场所水平直角定置。 (4)灭火器箱周围 1m 范围内无任何物资(物品)。 (5)应保持编号标签及箱内检查记录表的完好无损

实训工作页 7-2　消防设备检修工作内容与检修周期

 提示:本部分内容不是运营站务类工作的主要工作内容,仅供师生了解。

一、FAS设备检修工作内容与检修周期					
序号	设备名称	修程	检修工作内容	周期	备注
1	手动报警器	巡视	检查外观是否干净,有无破损,是否安装牢固	每周	区间隧道每月一次
		二级保养	(1)包含巡视所有内容; (2)打开破玻报警器盖门,试验报警器报警功能; (3)使用破玻试验钥匙进行功能测试; (4)检查报警器接线及安装底盒是否牢固、良好	每季	
2	消防电话	消防电话主机	巡视	检查外观是否干净,有无破损,是否安装牢固,有无积水现象	每天	
			二级保养	(1)包含巡视所有内容; (2)检查消防电话主机电源是否正常,消防电话主机的指示灯、蜂鸣器及听筒是否正常; (3)检查消防电话主机的故障报警功能是否正常	每季	
		电话插孔	巡视	检查外观是否干净,有无破损,是否安装牢固,有无积水现象	每周	区间隧道每月一次
			二级保养	(1)包含巡视所有内容; (2)利用便携电话,测试与消防电话主机的语音通信功能,清洁电话插孔外表,检查插孔电话外观、插孔及检查安装地点环境是否良好; (3)检查电话插孔安装底盒是否牢固	每季	
		壁挂电话	巡视	检查外观是否干净,有无破损,是否安装牢固,有无积水现象	每周	
			二级保养	(1)包含巡视所有内容; (2)清洁固定电话(壁挂电话)外表,检查固定电话(壁挂电话)外观,检查听筒连接线及检查安装地点环境是否良好; (3)测试与消防电话主机的语音通信功能; (4)检查固定电话(壁挂电话)安装底盒是否牢固	每季	

续上表

序号	设备名称		修程	检修工作内容	周期	备注
3	与其他系统接口模块	消防水泵接口模块	巡视	检查模块箱外观	每周	
			二级保养	(1)在控制盘上检查消防水泵接口工作状态； (2)检查密封及封堵是否良好，模块箱内表面是否有潮气，清洁模块箱表面； (3)检查模块是否完好、工作是否正常； (4)检查模块接线是否牢固、可靠； (5)检查中间继电器状态是否良好，接线是否牢固； (6)激活火警，联动消防水泵，试验控制信号； (7)模拟消防水泵故障信号，试验反馈信号	每季	
		AFC闸机接口模块	巡视	检查模块箱外观	每周	
			二级保养	(1)检查模块箱外观、密封及封堵是否良好，检查模块箱内表面是否有潮气，清洁模块箱表面； (2)检查模块接线是否牢固、可靠； (3)系统主机设置自动联动，并激活火警，检查系统主机是否发送控制信号，控制模块是否发出控制信号； (4)复位并连接控制线； (5)AFC闸机联动测试，FAS不单独做，在主控系统测试时，一并进行并补充测试记录	每季	
		防火卷帘门接口模块	巡视	检查模块箱外观	每周	
			二级保养	(1)检查模块是否完好、工作是否正常； (2)检查模块接线是否牢固、可靠； (3)检查中间继电器状态是否良好，接线是否牢固； (4)系统主机设置报警联动，并激活火警； (5)检查系统主机是否发送控制信号，控制模块是否发出控制信号； (6)到现场检查防火卷帘门是否关闭； (7)检查系统主机是否接收到防火卷帘门的反馈信号	每季	
		电扶梯接口模块	巡视	检查模块箱外观	每周	
			二级保养	(1)检查模块是否完好、工作是否正常； (2)检查模块接线是否牢固、可靠； (3)检查中间继电器状态是否良好，接线是否牢固； (4)系统主机设置报警联动，并激活火警； (5)检查系统主机是否发送控制信号，控制模块是否发出控制信号，中间继电器是否动作； (6)到现场检查电梯是否迫降到首层，是否收到电梯迫降到首层的反馈信号	每季	

续上表

序号	设备名称		修程	检修工作内容	周期	备注
3	与其他系统接口模块	气体灭火系统接口模块	巡视	检查模块箱外观	每周	
			二级保养	(1)检查模块箱外观、密封及封堵是否良好,检查模块箱内表面是否有潮气,清洁模块箱表面; (2)检查模块是否完好、工作是否正常; (3)检查模块接线是否牢固、可靠; (4)在工作站上检查气体灭火系统接口工作状态; (5)模拟气体灭火系统状态信号,试验反馈信号; (6)气体灭火系统联动测试,FAS不单独做。在气体灭火系统维护时,一并进行并补充测试记录	每季	
		防火阀接口模块	巡视	检查模块箱外观	每周	
			二级保养	(1)检查模块箱外观、密封及封堵是否良好,检查模块箱内表面是否有潮气,清洁模块箱表面; (2)检查模块是否完好、工作是否正常; (3)检查模块接线是否牢固、可靠; (4)在工作站上检查防火阀接口工作状态; (5)模拟防火阀状态信号,试验反馈信号	每季	
4	蓄电池		巡视	检查蓄电池外观,清扫蓄电池表面;	每天	
			二级保养	(1)包含巡视所有内容; (2)切断控制盘220VAC配电开关,检查是否切换到蓄电池工作状态;检查蓄电池接线是否牢固、可靠; (3)切断辅助电源箱220VAC配电开关,检查是否切换到蓄电池工作状态; (4)合上220VAC配电开关	每季	
			保养	(1)包含二级保养全部内容; (2)对蓄电池进行充放保养	每半年	
5	感温电缆(光纤)		巡视	检查感温电缆(光纤)微机头外观,检查微机头安装环境是否良好	每周	区间隧道每月一次
			二级保养	(1)包含巡视所有内容; (2)检查模块是否完好、工作是否正常; (3)检查模块箱内表面是否有潮气,清洁模块箱表面; (4)检查模块接线是否牢固、可靠,检查模块箱外观、密封及封堵是否良好; (5)检查感温电缆(光纤)微机头外观,并清洁,检查微机头安装环境是否良好; (6)在感温电缆(光纤)微机头(或接口模块)上触发火警信号,检查报警信号是否正常; (7)在感温电缆微机头(或接口模块)上触发故障信号,检查报警信号是否正常; (8)在系统主机上进行复位,检查感温电缆是否回复正常	每季	

续上表

序号	设备名称	修程	检修工作内容	周期	备注
5	感温电缆（光纤）	小修	（1）包含保养全部内容； （2）检查感温电缆及其引线固定是否良好，布线情况是否良好，是否有被压、被浸情况； （3）检查感温电缆接线盒内接线是否紧固，有无受潮，检查接线盒外观是否完好，用防火泥封堵接线盒所有缝隙； （4）选取一段约1m以上的感温电缆，并放于装有热水的器皿内，测试感温电缆是否报警； （5）取出感温电缆，擦干并安放好； （6）检查感温电缆末端包扎情况是否良好，有无受潮	每年	
6	探测器	巡视	检查烟感探测器及其底座外观，是否完好、牢固	每周	
		小修	（1）包含巡视所有内容； （2）检查探测器的动作及确认灯显示是否正常； （3）检查控制盘的烟感探测器及底座的报警信息； （4）用对讲机与车站综控室联系，确认主机及GCC能正确接收探测器报警信号； （5）等烟雾散去或温度下降后，火警信号在复位后能消除； （6）做好记录检查	每年	
7	消防联动柜	巡视	检查消防联动柜外观，保持箱体内外进行清洁	每周	
		二级保养	（1）包含巡视所有内容； （2）测量联动柜工作电压是否正常； （3）检查所有指示灯及开关按钮是否正常，并设置在原位； （4）进行消防联动柜灯测试	每季	
		保养	（1）包含二级保养的全部内容； （2）检查所有接线情况； （3）进行消防联动柜的强制启动消防水泵功能试验； （4）进行消防联动柜的其他联动功能试验	每半年	
		小修	（1）包含小修的全部内容； （2）检查柜内电气元器件工作状态是否正常，必要时进行更换	每年	
8	警铃	巡视	检查警铃外观及周围环境	每周	
		二级保养	（1）包含巡视所有内容； （2）清洁表面； （3）设置联动，激活火警； （4）检查警铃联动； （5）检查警铃动作状态以及描述信息是否正确	每季	
9	车辆段消防广播	巡视	检查消防广播功率放大器外观	每周	
		二级保养	（1）包含巡视所有内容； （2）设置联动，测试火灾事故广播的自动播放功能； （3）检查现场消防广播扬声器播放响度，应清晰响亮； （4）测试人工事故广播功能	每季	

续上表

序号	设备名称	修程	检修工作内容	周期	备注
10	主机及操作站	主机	巡视	巡视设备运行情况和设备完好在位情况,并做记录。在系统维修终端上检查全线各站的消防主机及图形操作界面工作是否正常;检查所有外围设备的工作状态是否正常,记录发生故障的设备并交维修工班处理;检查系统网络工作是否正常;检查维修工作站及鼠标、键盘、打印机等外设是否正常并清洁表面;检查火灾报警记录、故障报警记录、状态报警记录、系统操作记录是否有异常情况	每天	
		主机盘	二级保养	(1)检查主机盘外观,并清洁表面; (2)测量主机盘供电电压,并进行掉电切换测试; (3)检查主机盘电源卡及辅助电源的工作状态并测量其输入、输出电压; (4)检查回路卡状态并测量回路工作电压,回路对地电压; (5)检查CPU及显示面板工作状态并进行灯测试; (6)检查网络卡及附属模块状态,测量光电转换器工作电压; (7)检查并紧固回路接线; (8)检查并紧固内部板卡连线; (9)检查并紧固与GCC接口通信线	每季	
		操作站	二级保养	(1)检查操作站工作情况并清洁表面; (2)检查操作站所在监控柜外观并清洁表面; (3)检查操作站按钮及触摸板,检查外设连接口面板是否锁好; (4)检查系统工作及操作状况是否正常; (5)检查主时钟是否同步,操作站时间是否正确; (6)检查与主控接口网卡连接情况; (7)备份图形中心软件历史数据; (8)检查非法程序,升级杀毒软件病毒库及进行杀毒	每季	
		UPS	二级保养	(1)检查UPS外观及清洁表面; (2)进行掉电测试; (3)检查UPS面板上指示灯是否正常; (4)UPS的蓄电池按蓄电池检修规程处理	每季	
		打印机	二级保养	(1)检查打印机连接(只有OCC以及维修终端有打印机); (2)清洁工控机内外表面及板卡	每季	
11	FAS	试验	系统联动试验	每年	

续上表

二、气体灭火设备检修周期与工作内容					
序号	设备名称	修程	检修工作内容	周期	备注
1	气体灭火控制系统主机	巡视	(1)检查控制盘的控制面板显示是否正常,控制盘工作是否正常,检查气灭主机外观,检查气灭主机工作情况; (2)查看气灭主机历史故障记录,测试气灭主机面板	每天	
		二级保养	(1)包含巡视所有内容; (2)检查系统控制盘,并清洁箱体内外; (3)检查系统控制盘工作是否正常,接地故障、电池故障、主板故障指示灯是否正常,如有异常,则作为故障进行处理; (4)紧固系统控制盘所有连接线; (5)测量系统控制盘交流电源电压,并进行掉电切换测试; (6)检查辅助电源箱外观,并清洁箱体内外; (7)检查辅助电源箱工作是否正常,交流故障、电池故障、输出故障指示灯是否正常; (8)测量辅助电源箱交流电源电压,并进行掉电切换测试	每季	
		小修	(1)包含二级保养所有内容; (2)按系统自动灭火运行方式,对系统控制盘及辅助电源箱进行测试,检查系统控制盘及辅助电源箱的显示、报警、延时30s及设备联动情况; (3)按系统手动操作方式,对系统控制盘及辅助电源箱进行测试,检查系统控制盘及辅助电源箱的显示、报警及设备联动情况; (4)检查系统发出气体喷放信号时,电磁阀输出端子上电压是否为DC24V±5%; (5)在FAS上面查看是否可以正确接收到一级报警、二级报警、手动/自动、故障、释放这5个信号及防火阀动作状态信号	每年	
2	气体灭火管网及附件	巡视	(1)检查辖区内的气体管网、喷嘴是否完好,确保气体管道及附属设施不被人为破坏、挪用; (2)检查气瓶间机械启动器是否正常,机械启动器保险销是否在原来位置,气瓶压力表指示是否正常; (3)检查消防设施是否在原来位置,运行是否正常,所有标识说明是否清晰完好; (4)对灭火剂储瓶瓶组、启动气体储瓶瓶组、选择阀、液流单向阀、金属软管、集流管、气流单向阀、启动管路、系统管网与喷嘴等全部系统组件进行外观检查; (5)查看保护区REL外观及工作情况,查看保护区探测器、声光报警器、放气显示灯、模块、警铃的外观及工作情况	每天	

续上表

序号	设备名称	修程	检修工作内容	周期	备注
2	气体灭火管网及附件	二级保养	(1) 包含所有巡视内容； (2) 检查选择阀、单向阀、电磁阀、瓶头阀应无碰撞变形及其他机械性损伤，表面应无锈蚀，保护涂层应完好； (3) 高压软管、集流管应无碰撞变形及其他机械性损伤，表面应无锈蚀，保护涂层应完好； (4) 管网与喷嘴应无碰撞变形及其他机械性损伤，表面应无锈蚀，保护涂层应完好。检查管码及固定支架是否牢固、可靠； (5) 铭牌应清晰，手动操作装置的保险销和操作标志应完整并在原位； (6) 检查气瓶间的环境是否良好，是否存在漏水、受潮等情况	每季	
		小修	(1) 包含二级保养所有内容； (2) 清洁气瓶间内的地板、输气管道、线管和气瓶的卫生； (3) 清洁气瓶间内地板、接地箱体卫生； (4) 清洁集流管道、气体钢瓶及支架的卫生	每年	

任务三　消防设备日常操作

工具准备：消防实训设备。
知识准备：见本项目任务一、二的理论知识。
任务完成形式：本任务由教师示范操作，学生分组实际操作为教学过程。

  实训工作页 7-3　FAS 操作

操作项目	操作步骤
FAS报火警	在 FAS 正常运行期间，操作盘有声报警，报警灯长亮，②处红色报警灯全亮，另有长响蜂鸣声，同时④处灯闪烁，为报火警；参见图 7-32 FAS 主机操作盘。 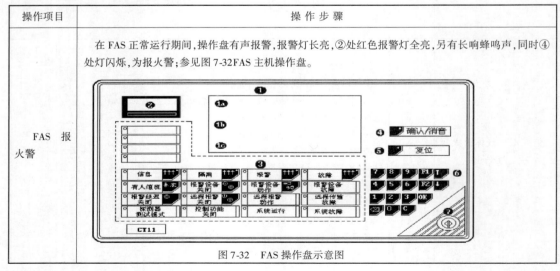 图 7-32　FAS 操作盘示意图

续上表

操作项目	操作步骤
FAS 报火警	（1）首先在图形监视工作站计算机上或 FAS 主机操作盘上③的报警栏内查看火警位置，再按④确认键进行确认。 （2）利用对讲机、电话或其他方式通知临近人员立即查看现场。如是火警，当确定是火灾后，首先人为用钥匙将控制显示面板上的系统封锁旋钮切换到正常位置，然后在控制显示面板上根据现场情况需要及公司相关要求人为用钥匙进行以下操作： ①系统切换旋钮切换到自动状态，系统将启动系统联动设备； ②广播切换旋钮切换到自动状态，系统将启动消防广播。在信息栏内要求有正常反馈信号。 （3）值班人员查看联动设备是否有正常反馈，并按照火灾模式表在信息栏内和控制显示联动板上确认 BAS 模式、防火阀、防火卷帘门及风机等是否有正常反馈。若无正确反馈，在操作盘上或控制显示联动板上手动对设备进行操作。 （4）完成灭火及排烟后按照要求将系统复位。 （5）如发现是假火情，则按⑤键进行复位
车站级 FAS 报故障	新的故障出现应及时上报环控调度员，如果有故障或信息未报或未及时报会影响系统的正常工作并有可能造成设备的损坏： （1）图形监视工作站计算机上出现新的故障：最上面一栏的相应提示会闪，在事件表中读取新的内容，做好记录并进行确认（如果新的事件和 FAS 主机是重复的，按照 FAS 主机显示的信息内容进行登记）。 （2）FAS 主机出现新的故障：有声报警，并且图 7-32④处的指示灯闪烁，则说明有新的内容出现。 （3）故障查看操作： ①首先在操作盘上图 7-32③中信息、故障两个按钮左边有灯点亮的栏内查询新的信息或故障（如果是新的内容还未确定会在该信息前有一个＋号，详见操作手册），读出相应的信息或故障，并做好记录。如果在信息栏内查询到的是探测器警告，则表明该区域有预警，利用对讲机或其他方式通知临近人员立即查看现场。 ②按图 7-32④对新的信息或故障进行确认消音。 ③将新的问题及时报环控调度员，由环控调度员报故障报警中心或车站维护中心，由故障报警中心或车站维护中心通知相关专业的人员进行检修。 注：网络故障在 FAS 上无法显示，只有在图形监视工作站计算机上有显示，对于网络故障按照图形监视工作站计算机的显示进行登记并上报环控调度员，由环控调度员报故障报警中心或车站维护中心
手动启动火灾模式	当各车站需要手动启动火灾模式进行防排烟时，可以在烟雾区内按下最近的手动报警按钮，并将车站综控室内的控制显示联动板上旋钮置于自动位置，实现防排烟联动功能
FAS 简单故障	（1）如图形监视工作站计算机有死机现象，重新启动计算机并进行登录。 （2）有时候在 FAS 主机操作盘上会在同一时间报气灭系统故障信号、气灭系统隔离信号，这个不是故障，是因为气灭系统 REL 上的隔离旋钮打了隔离状态，在恢复隔离旋钮后故障现象应该能自行恢复。如果无法恢复，请及时报环控调度员，由环控调度员报故障报警中心或车站维护中心

实训工作页 7-4　气体自动灭火系统操作

操作模式	设备状态	火警确认方式	控 制 方 式
自动联动	(1)气体自动灭火系统应24h正常工作。 (2)EST主机处于自动状态。 (3)各保护区门口的REL上： ①功能隔离旋钮位于正常位置。当有人进保护区时，将功能隔离旋钮转到隔离状态；当离开保护区房间后，将旋钮恢复到正常位置(钥匙在车站综控室有)。 ②只有电源显示灯亮	(1)自动确认：防护区内的烟、温探测器都报火警后，系统确认火警(同时将火警信号报到车站综控室FAS主机和图形监视工作站计算机，需要车站综控室人员将FAS切换到自动状态，具体操作看FAS操作使用说明)。 (2)手动确认：手动控制设置在防护区外，设备名称为REL，其位置在防护区每个门的外侧。在有人按下内部手动释放按钮后系统确认火警(同时将火警信号报到车站综控室FAS主机和图形显示系统，需要车站综控室人员将FAS切换到自动状态)	(1)自动控制方式： ①自动确认火警后，系统延时30~40s后，该防护区的气体释放。 ②手动确认火警后，系统延时30~40s后，该防护区的气体释放。 注：必须确保REL内的隔离旋钮在正常位置，气体才能喷放。 (2)REL内的手动控制方式： 当自动控制方式无法实现气体释放时，按下保护区门口REL内部的手动释放按钮，系统延时30~40s后，该防护区的气体释放。 注：必须确保REL内的隔离旋钮在正常位置，气体才能喷放。 (3)机械应急操作： 当保护区发生火情，自动控制和手动控制均无法进行时，应立即通知有关人员迅速撤离现场，并在FAS主机上启动相应的火灾联动模式；然后拔出相应保护区的启动钢瓶的电磁阀头上的止动簧片，压下手柄，即可开启电磁瓶头阀，释放启动气体，启动气体开启选择阀、瓶头阀，释放灭火剂，实施灭火。如果此时遇上电磁瓶头阀维修或启动气体储瓶充换氮气不能正常工作时，可打开相应保护区的选择阀手柄，敞开压臂，打开选择阀；然后，用瓶头阀上的手柄打开瓶头阀，释放灭火剂，实施灭火(一般情况下不推荐使用)
手动联动	(1)气体自动灭火系统应24h正常工作。 (2)EST主机处于手动状态。 (3)各保护区门口的REL上： ①功能隔离旋钮位于正常位置。当有人进保护区时，将功能隔离旋钮转到隔离状态；当离开保护区房间后，将旋钮恢复到正常位置(钥匙在车站综控室有)。 ②只有电源显示灯亮	(1)自动确认：防护区内的烟、温探测器都报火警后，系统确认火警(同时将火警信号报到车站综控室FAS主机和图形监视工作站计算机，需要车站综控室人员将FAS切换到自动状态，具体操作看FAS操作使用说明)。 (2)手动确认：手动控制设置在防护区外，设备名称为REL，其位置在防护区每个门的外侧。在有人按下内部手动释放按钮后系统确认火警(同时将火警信号报到车站综控室FAS主机和LMS，需要车站综控室人员将FAS切换到自动状态)	(1)EST主机上的手动控制方式： ①自动确认火警后，在EST主机上将手动切换成自动后，系统延时30~40s后，该防护区的气体释放。 ②手动确认火警后，延时30~40s后，该防护区的气体自动释放。 注：必须确保REL内的隔离旋钮在正常位置，气体才能喷放。 (2)REL内的手动控制方式： ①自动确认火警后，需要有人按下REL内部手动释放按钮后，系统延时30~40s后，该防护区的气体释放。 ②手动确认火警后，延时30~40s后，该防护区的气体自动释放。 注：必须确保REL内的隔离旋钮在正常位置，气体才能喷放。 (3)机械应急操作： 当保护区发生火情，自动控制和手动控制均无法进行时，应立即通知有关人员迅速撤离现场，并在FAS主机上启动响应的火灾联动模式；然后拔出相应保护区的启动钢瓶的电磁阀头上的止动簧片，压下手柄，即可开启电磁瓶头阀，释放启动气体，启动气体开启选择阀、瓶头阀，释放灭火剂，实施灭火。如果此时遇上电磁瓶头阀维修或启动气体储瓶充换氮气不能正常工作时，可打开相应保护区的选择阀手柄，敞开压臂，打开选择阀；然后，用瓶头阀上的手柄打开瓶头阀，释放灭火剂，实施灭火(一般情况下不推荐使用)

续上表

补充说明：
FAS、气体灭火系统使用注意事项，有如下几点： （1）在车站综控室、运转值班室，可实现对 FAS 的监控和对气体灭火系统的监视，要求车站综控室 24h 有人值班。 （2）FAS 主机上和图形显示系统上如果发现有新的故障或信息出现应及时做好登记并上报环控调度，由环控调度报故障报警中心或车站维护中心。如果有故障或信息未报或未及时报，将会造成系统无法正常工作及设备的损坏。 （3）车站综控室 FAS 的控制显示面板上的系统封锁旋钮在正常情况下位于"封锁"位置。当需要对控制显示面板上的按钮及旋钮需要操作时，首先将系统封锁旋钮切换到"正常"位置。 （4）不能随意变动消防设备的安装位置。 （5）对于有气体灭火系统保护的防护区（设备间）： 有气体灭火系统保护的设备用房无人时，要求防护区的所有防火门处于关闭状态。 ①当人员进入设备间前将门口的灭火控制盘上的隔离/正常旋钮放在隔离位置，并保证通向外部的防火门处于打开状态。 ②在离开设备间时，确保防护区的所有防火门已经处于关闭状态。 ③在离开设备间后，将门口的灭火控制盘上的隔离/正常旋钮恢复到正常位置。 ④防护区内禁止抽烟。 ⑤平时在进出设备间，需要操作 REL 设备时，请到车站综控室处借用 REL 钥匙。在火警需要操作 REL 设备时，可以直接打碎 REL 的玻璃进行需要的操作。 ⑥气体灭火系统气体喷放后，一定要等到防护区内气体全部排完才能进入设备间。 （6）如果出现报火警除了按照使用操作说明进行操作外，还应按照公司相关的火灾处理流程进行。 （7）当需要手动启动火灾模式进行防排烟时，可以在烟雾区内按下最近的手动报警按钮，并将车站综控室内的 FAS 的控制显示联动板上旋钮置于"自动"位置，实现防排烟联动功能。 （8）不同的 REL 对应不同的保护区，当需要在 REL 内进行手动释放操作时，一定要确保您需要的保护区所对应的 REL 是正确的。

实训工作页 7-5 消火栓的使用

步骤	使用方法	注意事项
1	取水带：打开消火栓，取出水带	（1）注意火场与消火栓的距离，车站内消防水带和消防软管长度一般为 25m。
2	抛水带：右手成虎口形握住水带的两个接头，用五指扣压水带的外圈。同时，左手拇指和四指分别插入水带两头接口内，并握紧两个水带头，两手协力托住水带，用力向正前方抛出，左手握水带头向上抽拉，使水带向正前方摊开	
3	接水带：右手将水带接头与消火栓接头对接，并顺时针转动至卡紧为止	
4	接水枪：打开阀门，迅速拿起另一头水带接头，将水枪头接上水带接口，将消火栓消防阀轮按逆时针方向转动打开	
5	灭火：射水时采取包围灭火战术，以阻止火势和烟雾向四周扩散，以便有效控制，直至将火扑灭。注意，用水灭火时如遇电气火灾，应先断电后灭火	

续上表

步骤	使用方法	注意事项
	消火栓操作,如图7-33所示。 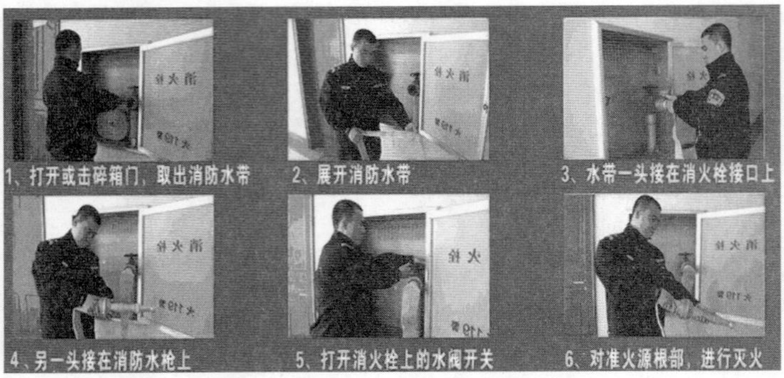 图7-33 消火栓操作示意图	(2)用消火栓注意着火物品是否带电,若属带电物品,必须先切断电源方可用水灭火。 (3)定期检查消火栓,确保消火栓水压正常,物品齐全

实训工作页7-6 灭火器的使用

步骤	使用方法
1	识别灭火器的型号,如图7-34所示。 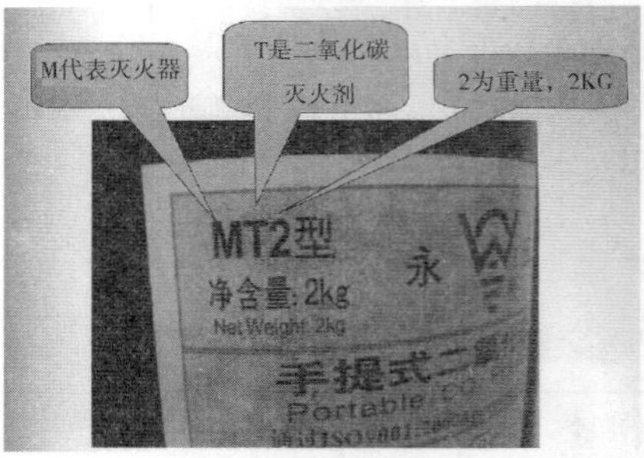 图7-34 灭火器识别
2	判断火势,正确选用相关类型的灭火器
3	对灭火器进行检查,看是否能正常使用,如图7-35所示。 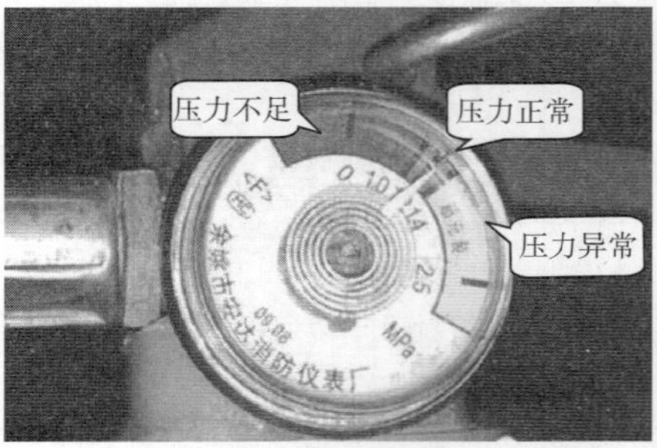 图7-35 灭火器检查图示

续上表

步骤	使用方法
4	站在上风位置,迅速采取正确的操作方法,将火源扑灭。 ①摇——防止灭火器内灭火剂凝固,影响灭火效果,如图7-36 所示。 ②拔——拔出保险栓,如图7-37 所示。  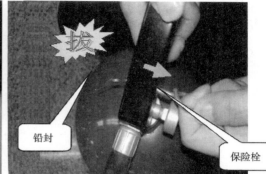 图7-36 摇动灭火器　　　　图7-37 拔出保险栓 ③瞄——瞄准火焰根部,如图7-38 所示。 ④压——压下灭火器手柄,如图7-39 所示。  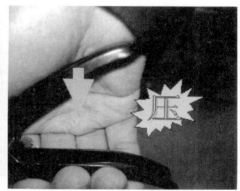 图7-38 瞄准火焰根部　　　　图7-39 压灭火器手柄 ⑤扫——左右扫射,如图7-40 所示。  图7-40 左右扫射

任务四　消防系统应急处置

工具准备：消防实训设备。
知识准备：见本项目任务一、二的理论知识与任务三的基本操作内容。
任务完成形式：分组演练，五个人为一组，分别扮演站务员（站台）、售票员（1）、售票员（2）、客运值班员、值班站长。

 实训工作页7-7　车站设备区（包括无气体保护房间）火灾应急处理程序

负责人	处理程序
巡视岗	（1）立即赶到现场协助灭火，确认火灾不可控制时，立即关停扶梯，并组织站台乘客向站外疏散。 （2）确认站台乘客疏散完毕后报车站综控室。 （3）听从值班站长安排
行车值班员	（1）接收到火警信息后，立即通知值班站长、客运值班员到报警点确认。 （2）确认发生火灾后，通知巡视岗、保洁等驻站人员协助灭火；报环控调度员、行车调度员、119、地铁公安和120，根据情况向行车调度员申请列车在本站通过。 （3）按压AFC紧急按钮，将闸机设为紧急模式。 （4）广播通知所有岗位执行设备区火灾应急疏散处理程序，并反复广播引导乘客疏散。 （5）及时将火灾情况报告行车调度员，并与行车调度员、值班站长保持联系，确认保洁人员到紧急出口外等待消防人员。 （6）撤退时，随身携带与行车调度员联系的无线电台。 （7）必要时，将相关设备区通道门门禁设置为常开状态，以方便抢险
值班站长	（1）接到火警通知后，立即携带相应房间钥匙等到现场确认，组织灭火。 （2）确认火灾不可控制时，关闭火灾房间的防火门，执行设备区火灾应急疏散处理程序，及时组织疏散乘客。 （3）安排人员在出入口拦截乘客进站。 （4）消防队到现场后，将有关信息通报给消防负责人后，视情况组织员工灭火或撤退；当撤退时负责确认所有站内人员均疏散完毕。 （5）负责与各方的协调与沟通
客运值班员	（1）接到火警通知后，立即赶到现场协助灭火，确认火灾不可控制时，立即赶到车站综控室，确认相应的火灾模式开启（注意：确认疏散指示开启，下同）。 （2）确认所有闸机已设为紧急模式，按照环控调度员的指示操作有关设备，确认行车值班员报警情况。 （3）听从值班站长安排
售票员（1）	（1）接到执行火灾应急疏散处理程序的通知后，收好钱和票，关闭售票处电源，确认闸机进入紧急模式，打开边门；利用手提广播疏导乘客出站。 （2）确认已关停自动扶梯。 （3）到出口拦截进站乘客并做好解释工作
售票员（2）	（1）接到执行火灾应急疏散处理程序的通知后，收好钱和票，关闭售票处电源。 （2）确认闸机进入紧急模式，打开边门，利用手提广播疏散乘客出站。 （3）确认站厅乘客全部疏散出站后报车站综控室。 （4）听从值班站长安排

实训工作页 7-8　车站设备房(有气体保护)火灾应急处理程序

负责人	处 理 程 序
巡视岗	(1)接到执行火灾应急处理程序的通知后,立即关停扶梯并到达站台组织站台乘客向站外疏散。 (2)确认站台乘客疏散完毕后报车站综控室。 (3)协助灭火
行车值班员	(1)接收到火警信息后,通知值班站长、客运值班员立即到报警点确认。 (2)确认发生火灾后,报行车调度员、环控调度员、119、地铁公安和120,根据情况向行车调度员申请列车在本站通过。 (3)现场不能控制时,广播通知所有岗位执行设备区火灾应急处理程序,并反复广播引导乘客疏散。 (4)按压AFC紧急按钮,将闸机设为紧急模式。 (5)及时将火灾情况报告行车调度员,并与行车调度员、值班站长保持联系。 (6)需要员工疏散时,要确认广告照明、一般照明以及电扶梯等已关闭,并要随身携带与行车调度员联系的无线电台
值班站长	(1)接到火警通知后,立即携带相应钥匙等与客运值班员到现场确认。 (2)将报警房间外的气体控制打为手动,通过嗅觉气味和触感房门的温度判断是否发生火灾。 (3)初步判断无发生火灾、气体无喷放时,打开房间门观察确认(如为高/低压室,不可直接进入)。 (4)确认发生火灾后,立即关闭房门,手动操作释放气体灭火。 (5)当火灾不可控制时,担任事故处理主任,宣布执行设备区火灾应急处理程序,组织疏散。 (6)消防队到现场后,将有关信息通报给消防负责人后,根据情况组织员工撤退,并负责确认所有站内人员疏散完毕。 (7)安排人员在出口拦截乘客进站
客运值班员	(1)接到火警通知后,立即与值班站长赶到现场确认。 (2)配合值班站长进行现场确认,当值班站长需要进入房间确认时,负责维持房门敞开状态,并及时进行信息传递。 (3)火灾不可控制时,立即赶到车站综控室,在EMCS上确认相应的火灾模式开启(注意:确认疏散指示开启)。 (4)确认所有闸机已设为紧急模式,关闭广告照明,按照环控调度员的指示操作有关设备,确认行车值班员报警情况。 (5)协助灭火
售票员(1)	(1)接到执行火灾应急处理程序的通知后,收好钱和票,关闭票亭电源,将闸机和边门打开,疏导乘客出站。 (2)关停电扶梯。 (3)到出口拦截乘客并做好解释工作
售票员(2)	(1)接到执行火灾应急处理程序的通知后,收好钱和票,关闭票亭电源,将闸机和边门打开,利用手提广播疏散乘客出站。 (2)确认站厅乘客全部疏散出站后报车站综控室。 (3)听从值班站长安排

实训工作页 7-9　车站站厅公共区火灾应急处理程序

负责人	处理程序
巡视岗	（1）接到火警通知后赶到现场协助灭火，接到执行火灾应急疏散处理程序的通知后，立即到达站台从远离火灾的一端疏散站台乘客，关停站台自动扶梯。 （2）当站台停有列车时，立即通知司机火灾信息，可将站台乘客疏散到列车上，通知司机立即关门启动发车。 （3）确认站台乘客疏散完后报车站综控室。 （4）听从值班站长安排
行车值班员	（1）接收到火警信息后，立即通知值班站长、客运值班员到报警点确认。 （2）确认发生火灾后，通知巡视岗、保洁等驻站人员协助灭火；报环控调度员、行车调度员、119、地铁公安和120，根据情况向行车调度员申请列车在本站通过。 （3）按压AFC紧急按钮，将闸机设为紧急模式。 （4）广播通知所有岗位执行站厅火灾应急疏散处理程序，并反复广播引导乘客疏散。 （5）及时将火灾情况报告行车调度员，并与行车调度员、值班站长保持联系，安排保洁人员到紧急出口外等待消防人员。 （6）必要时，将相关设备区通道门门禁设置为常开状态，以方便抢险。 （7）需撤退时，随身携带与行车调度联系的无线电台
值班站长	（1）接到火警通知后，立即到现场确认，组织灭火。 （2）确认火灾不可控制时，执行站厅火灾应急疏散处理程序，及时组织疏散乘客。 （3）安排人员在出入口拦截乘客进站。 （4）消防队到现场后，将有关信息通报给消防负责人后，视情况组织员工灭火或撤退；当撤退时负责确认所有站内人员疏散完毕。 （5）负责与各方的协调与沟通
客运值班员	（1）接到火警通知后，立即赶到车站综控室，确认情况和相应的火灾模式开启（注意：确认疏散指示开启，下同）。 （2）赶到现场协助，当火灾不可控制时，确认所有闸机已设为紧急模式。 （3）听从值班站长安排，在站厅组织乘客疏散。 （4）接收到"站台乘客疏散完"的信息后，最后确认站厅乘客全部疏散出站后报车站综控室。 （5）听从值班站长安排
售票员(1)	（1）确认并向车站综控室报告火灾位置、大小、火灾性质等，进行第一时间的灭火。 （2）确认火灾不可扑救后，立即关停自动扶梯并疏散乘客出站。 （3）确认站厅乘客疏散完毕后报车站综控室。 （4）听从值班站长安排
售票员(2)	（1）接到火警通知后收好钱和票，关闭售票处电源，赶到现场协助灭火，接到执行火灾应急疏散处理程序的通知后，确认闸机进入紧急模式，打开边门；利用手提广播疏导乘客出站。 （2）确认已关停自动扶梯。 （3）到出口拦截乘客进站并做好解释工作。 （4）听从值班站长安排

项目七 车站消防系统

实训工作页 7-10 车站站台公共区火灾应急处理程序

负责人	处 理 程 序
巡视岗	(1)确认并报告车站综控室火灾位置、大小、火灾性质等,进行第一时间的灭火。 (2)确认火灾不可扑救后,立即向站厅疏散乘客,并关停站台扶梯。 (3)确认站台乘客疏散完毕后报车站综控室。 (4)听从值班站长安排
行车值班员	(1)接收到火警信息后,命令巡视岗到报警点确认火警,并将情况报告值班站长。 (2)确认发生火灾后,报行车调度员、环控调度员、119、报告地铁公安、120。 (3)广播宣布执行站台火灾应急处理程序,并反复广播引导乘客疏散。 (4)按压 AFC 紧急按钮,将闸机设为紧急模式,关闭广告照明,确认相应的火灾模式已启动。 (5)及时将乘客疏散和灭火情况报告行车调度员,并与行车调度员、值班站长保持联系
值班站长	(1)接到火警通知后,立即到站台确认。 (2)确认发生火灾后通知车站综控室,宣布执行火灾应急处理程序,组织疏散乘客和灭火。 (3)负责最后确认站台所有乘客已疏散完,及时将现场情况报车站综控室。 (4)消防队到现场后,将有关信息通报给消防负责人后,视情况组织员工灭火或撤退;在撤退时负责确认所有站内人员已疏散完毕。 (5)站厅安全时,到车站综控室指挥。 (6)安排人员在出口拦截乘客进站
客运值班员	(1)接到执行火灾应急处理程序的通知后,赶到车站综控室,确认所有闸机已设为紧急模式,相应的通风排烟模式开启,广告照明已关闭,扶梯已关停。 (2)完成(1)后,拿对讲机、手提广播到站厅组织乘客疏散。 (3)接收到站台乘客疏散完的信息后,确认站厅乘客全部疏散出站并报车站综控室。 (4)听从值班站长安排
售票员(1)	(1)接到执行火灾应急处理程序的通知后,收好钱和票,关闭票亭电源,将闸机和边门打开,疏导乘客出站。 (2)关停站台扶梯,到站台协助灭火。 (3)灭火工作交给消防队员后,到出口拦截乘客进站
售票员(2)	(1)接到执行火灾应急处理程序的通知后,收好钱和票,关闭票亭电源,将闸机和边门打开,利用手提广播疏散乘客出站。 (2)确认站厅乘客全部疏散出站后报车站综控室。 (3)听从值班站长安排

实训工作页 7-11 列车在站台火灾应急处理程序(包括列车区间火灾后运行到车站的情形)

负责人	处 理 程 序
巡视岗	(1)收到列车在站台发生火灾的信息后马上赶到站台确认并报告车站综控室/司机火灾位置、大小、火灾性质等(初步判断),通知司机将该车扣在车站处理,关停站台扶梯。 (2)第一时间用灭火器灭火,疏散客内乘客。 (3)在火灾不可扑救时,停止扑救,疏散列车和站台的乘客出站。 (4)检查确认客车内/站台没有乘客遗留后报车站综控室。 (5)听从值班站长安排

151

续上表

负责人	处理程序
行车值班员	(1) 接收到火警信息后,命令巡视岗到报警点确认火警,并将情况报告值班站长。 (2) 确认发生火灾后,将列车扣在车站处理,报行车调度、119、地铁公安、120。 (3) 广播宣布执行列车站台火灾应急处理程序,并反复广播引导乘客疏散。 (4) 按压 AFC 紧急按钮,将闸机设为紧急模式,关闭广告照明,确认相应的火灾模式已启动。 (5) 及时将乘客疏散和灭火情况报告行车调度员,并与行车调度员、值班站长保持联系。 (6) 当接到区间火灾列车正开往本站时,立即宣布执行列车站台火灾应急处理程序
值班站长	(1) 接到火警通知后,立即到站台确认。 (2) 确认发生火灾后,通知车站综控室宣布执行列车站台火灾应急处理程序,组织疏散乘客和灭火;在使用水灭火前,要先确认有关设备已停电。 (3) 负责最后确认列车、站台乘客疏散完,报车站综控室。 (4) 消防队到现场后,将有关信息通报给消防负责人,并视情况组织员工灭火或撤退;在撤退时负责确认所有站内人员已疏散完毕。 (5) 站厅安全时,到车站综控室指挥。 (6) 安排人员在出口拦截乘客进站
客运值班员	(1) 接到执行火灾应急处理程序的通知后,赶到车站综控室,确认所有闸机已设为紧急模式,相应的通风排烟模式开启,广告照明已关闭,扶梯已关停。 (2) 完成步骤(1)后,拿对讲机、手提广播到站厅组织乘客疏散。 (3) 接收到"列车、站台乘客疏散完"的信息后,最后确认站厅乘客全部疏散出站并报车站综控室。 (4) 听从值班站长安排
售票员(1)	(1) 接到执行火灾应急处理程序的通知后,收好钱和票,关闭票亭电源,将闸机和边门打开,疏导乘客出站。 (2) 关停站台扶梯,到站台协助灭火。 (3) 灭火工作交给消防队员后,到出口拦截乘客进站
售票员(2)	(1) 接到执行火灾应急处理程序的通知后,收好钱和票,关闭票亭电源,将闸机和边门打开,利用手提广播疏散乘客出站。 (2) 确认站厅乘客全部疏散出站后报车站综控室。 (3) 协助灭火

补充说明:
(1) 当进行现场处理时,要注意做好个人防护。
(2) 当员工需撤离到站外时,需到紧急出口外进行集中,由值班站长点名确认,并向行车调度员留下联系人姓名及其电话。
(3) 换乘站发生类似紧急情况时,车站要进行联动处理。
(4) 只有一个售票处岗的车站,由值班站长安排人员负责完成售票员(1)或(2)的应急工作。
(5) 有需要时进行门禁紧急释放按钮操作,保证相关人员可以顺利地进出车站设备区。
(6) 车站无气体灭火系统保护的供电用房报火警时:若确认为是办公、生活用品、明敷低压电线着火,车站立即用二氧化碳或干粉灭火器进行灭火并按规定报告。确认火势不可控制时,按前述程序处理。
(7) 供电用房内设备着火时:
①若确认为直流开关柜室内的整流器柜、负极柜,或者制动控制室、制动电阻室内设备着火,进入房间灭火时不得打开柜门,只需用灭火器对准设备外表喷洒。
②若整流变压室报火警,只需打开室门确认即可,严禁打开室内的围网。确认火灾后,立即在围网外用灭火器对准设备外表喷洒。
③上述供电用房内的其他设备着火时,若是可以打开柜门的设备,均可打开柜门灭火,并要注意做好个人防护(戴绝缘手套、穿绝缘靴)。
④供电用房内凡张贴有禁止开柜门灭火标志的设备,均严禁开柜门灭火。

复习思考题

1. 地铁火灾有何特点?
2. 消防标志有何作用?常见消防标志有哪些?
3. FAS 由哪几部分组成?
4. 如何根据火灾类型选择灭火系统?
5. 说明 IG-541 气体灭火系统的原理。
6. 说明消防栓的操作方法。
7. 说明灭火器的使用方法。
8. 说明 IG-541 气体灭火系统自动控制模式的工作过程。
9. 在地铁车站站厅公共区火灾救援工作中,行车值班员的处理程序有哪几点?

项目八　乘客信息与广播系统

【教学目标】

1. 掌握各种不同类型广播系统的使用方法；
2. 掌握中央广播和车站广播的使用方法；
3. 熟悉广播的控制及广播优先级；
4. 熟悉广播词及其使用；
5. 掌握乘客信息系统各部分的功能；
6. 熟记乘客信息显示的优先级。

【建议学时】

2 学时

【知识体系与任务关系图】

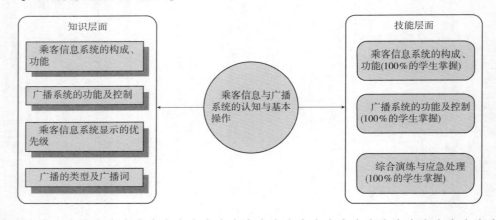

任务一　预备知识

预习知识：广播系统（简称 PA）是城市轨道交通运营行车组织的必要手段。它的主要作用有：运营中，对乘客广播"离站、线路换乘、时间表变更、列车误点、安全状况"等，播放音乐以改善候车环境；平时须进行防灾广播；在突发紧急情况时进行抢险救灾广播，组织指挥事故抢险，提高应急响应能力；日常运营时，对运营人员进行广播，发布有关通知信息，协同配合工作。

一、广播系统的构成

广播系统由控制中心（OCC）广播、车站广播、车辆段广播三个相互独立又相互联系的子系统构成。它包括控制中心设备、车站设备和车辆段设备。广播系统的构成，如图 8-1 所示。

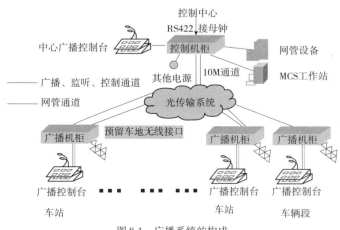

图 8-1　广播系统的构成

1. 车站播音

如图 8-2 所示，为车站播音系统示意图。车站播音台，配有播音区域选择键盘和送话器，在通信室还设有前置放大器、功放及控制接口单元等设备。车站的控制键按下后，相应的选择信号，经控制和接口单元，使被选择区域的广播电路接通，并使控制中心来的播音信号中断，也即车站播音台对本站的播音具有优先权。在固定区域，可以根据列车运行实现自动广播。

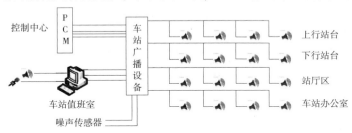

图 8-2　车站播音系统示意图

为了提高播音的可靠性，每个播音区域内的扬声器，分别由两个扩大器驱动，并以梳状方式排列，其中一个扩大器故障时，仍能不间断地播音及维持基本播音量。站台的广播区域，还应配备自动音量控制装置，以保证播音音量始终保持比此区域内噪声音量高 10db 左右的水平上，达到较好的播音效果。

2. 控制中心播音

在控制中心设有行车调度、电力调度和环控调度三个播音台，三个播音台之间互锁，也即只允许一个播音台播音。三个播音台，分别配有广播区域选择键盘和送话器。选择控制信号，经控制与接口单元，通过 PCM 信道将其送至车站的控制单元，并显示在相应的播音台上。播音信号经放大，通过专用的屏蔽广播线，传送至所选车站。但各车站的播音具有优先级，从控

155

制中心可对所有车站的所有区域播音,也可对某一个车站的某个区域有选择性地播音。

3. 车辆段广播

车辆段广播系统设有维修值班员、信号楼控制室值班员、车辆段列车调度员使用的三个播音台。播音范围分三个区域:车辆段入口区域、维修区域和停车库区域。

三个播音台都配置送话器,键盘以及对讲控制台。同样,在机房内设有广播设备,用于对信号的放大和对播音区域进行选择控制。

车辆段广播系统除了扬声器外,还安装了对讲分机;对讲分机通过电缆与三个播音台的对讲控制台相连;对讲机的扬声器与送话器设在分机内,还设有三个选择键,以便车辆段内工作人员能够方便地与各处对讲控制台的值班员直接通话。对讲分机还可根据需要分成若干个分机组,分布在各个广播区域。

二、广播系统的功能

1. 操作功能

控制中心行车调度员通过中心广播控制终端可对全线、任意一个车站或多个车站、任意车站的任一选区或多个选区进行话筒、语音、线路等广播。车站值班员可通过车站广播控制终端对本站所有管辖范围的全选区、多个选区或单个选区进行话筒、语音、线路广播;通过车站广播控制台对本站所有管辖范围的全选区、多个选区或单个选区进行话筒、背景音乐广播。

2. 多级优先广播功能

本系统的优先级可根据用户需求灵活设置,包括现场广播、选择广播、紧急广播、末班车广播、服务中止广播、站台自动广播、背景音乐广播。以上除现场广播外,其他广播内容均为系统预先录制的语句。若在同一广播区(群)需要进行不同的广播时,系统按表8-1所标注的广播优先权处理。

广播优先权处理　　　　　　　　　　　　　　　表8-1

广播语句类型		广 播 优 先 权			
	车站综控室值班员	站台值班员	无线广播	控制中心调度员	
现场广播		1	3	3	
预先录制语句	紧急广播	2	×	×	2
	服务中止广播	3	4	×	
	现场录制广播	4	4	×	
	车站控制广播	5	×	×	
	选择广播	5	×	×	
	最后班车广播	6	×	×	
	站台自动广播	6	×	×	
其他	测试口	×	×	×	×
	背景音乐	7	×	×	×

注:①表中"1"表示最高广播优先权,而"7"表示最低广播优先权;"×"表示不适用。
②如广播优先权相同时,以先来先处理的原则处理或排队。

车站广播设备能处理多个语句同时在相同或不同的广播区(群)作广播。如广播区正在广播时,后来广播的语句可排队广播。

广播语句排队的位置以提出广播的时间及广播语句的广播优先权来决定(见表8-1)。若广播语句有时间性要求(如站台自动广播)而在相同的广播区正在广播时,系统应自行忽略有时间性的广播要求,以避免造成时间性误播。

广播操作控制终端能显示所有广播区的广播情况,包括占用情况、现正在广播及正在排队广播的文字内容。值班员可通过广播控制台内的迷你型扬声器监听任何广播区的广播情况。

3. 预示音功能

预示音功能即在每次开始广播前均有标准的预示音发出。车站广播控制单元的语音合成模块(YH-MP)内设有预示音电路,在每次广播时,自动触发预示音电路,向选择的广播区播预示音。广播预示音的开启和关闭,可通过车站广播控制终端进行控制。

4. 广播编组及设定功能

中心、车站广播控制终端及中心广播控制台均可设置8个编组,用户可按编组操作程序对任意站、任意广播区选择组合编组;广播时仅按编组序号图标(按键),即可对已存编组内的各广播区进行广播。本功能设定后,可以简化操作,实现快速地向多个广播区同时广播。

5. 平行广播功能

平行广播功能可将不同的信源通过不同的通道同时播向不同的广播区,即中心广播、行车广播、站台广播。列车到发自动广播等不同的信源,均可通过不同的通道将各音频信号同时连接到不同的广播区。

6. 应急广播功能

车站广播控制台设有"应急"广播按键,当车站广播控制单元出现故障时,可按下"应急"广播按键,可将车站广播控制台的话筒广播音频通过应急通道直接送予功率放大器,对所有广播区进行应急广播。

7. 监听功能

在中心广播控制台、车站广播控制台内,均具有监听电路和迷你型监听扬声器。车站值班员可通过车站广播控制终端及车站广播控制台选择监听本站任一广播区的广播内容。

8. 一键取消功能

在中心及车站的广播控制终端及控制台上均设有一键取消按键;当本地操作员误播或发现其他操作者误播,均可按一键取消键,可立即切断所有正在进行的广播。

9. 集中录音功能

中心广播控制台、车站广播控制台及站台广播控制终端控制台均具有录音输出接口,所有现场人工话筒广播内容送往中心通信集中录音系统进行自动录音,中心、车站广播控制终端、站台监察亭广播控制终端能记录通话日期、起止时间等管理信息。预先录制的语句、现场录制的语句及线路输入的广播内容不送往集中录音系统。

10. 列车到发自动广播功能

车站广播机柜内的系统交换控制工控机设有与PIS系统的接口,系统交换控制工控机配置相应的语音储存器,通过PIS系统接收列车信息(包括列车接近、列车到达、列车离站等)。当收到列车某一信息时,自动启动并播放相应的广播内容。

11. 无线广播功能

无线广播功能在中心和车站均具有与无线系统的广播接口,控制中心调度员可使用广播控制终端(通过无线通信系统)对指定的列车进行广播;车站值班员可通过无线移动台(无线通信系统)对站内进行广播。

12. 广播与旅客信息系统联动功能

广播与旅客信息系统具有与 PIS 系统接口(系统交换控制工控机,形式为每站一个 RS-422 接口),用于接收 PIS 系统提供的列车在车站运行的旅客服务信息,包括站台自动广播及列车服务信息(列车接近、列车到达、列车离站)、末班车广播及站务信息、服务中止广播及站务信息、车站控制广播及站务信息等。当收到上述信息后,自动启动广播系统,播放相应的广播内容。

13. 双语广播功能

操作员在中心广播控制终端选取中文预制录音语句对车站进行广播时,系统能自动使用普通话及英语的相应录音语句进行广播。

三、广播系统的控制

1. 广播系统的优先级

广播系统由控制中心和车站两级控制,正常情况下以车站广播为主;事故抢险、组织指挥,以控制中心防灾广播为主。为了运营防灾的需要,控制中心环控调度员有最高优先级。在优先级上,环控调度员高于行车调度员,行车调度员高于维修调度员,控制中心调度员高于车站值班员,站长广播台高于站台广播员。同一广播优先级是,预存语音信息高于人工广播,通常在预存语音信息中防灾广播优先级最高。当多等级信息相继触发时,正在播放的广播中断,自动进入按序等待状态。

2. 广播系统的组成

广播系统主要由中央智能广播台、站长广播台、站台(轨旁)广播台、桌面广播台、车站广播和车辆段广播组成。

(1)中央智能广播台。它设置在控制中心,具有语音、信号等控制能力,供环控调度员、行车调度员、维修调度员使用。紧急情况时,调度人员可对中心和车站任何区域进行广播。

(2)站长广播台。它设于车站控制室,具有语音、信号及各种控制功能,包括人工广播、线路广播、预存广播,车站值班员可对站台、站厅、办公区进行广播。

(3)站台(轨旁)广播台。它为全天候、有防护门的对讲台,可以防水并在恶劣环境下使用。站台广播设于站台中部的墙上,每站台一个,对站台进行定向广播;轨旁广播设于车辆段及地面站轨道沿线,对检修区域进行定向广播。

(4)桌面广播台。它设于车辆段范围的通号楼、检修楼、运用库,对车辆段道岔群、检修主厂房、运用库进行定向广播。

四、广播的类型及广播词

地铁列车的广播分为常规广播、特殊广播、紧急广播、人工广播、列车服务广播和推广信息广播六种。其中列车服务广播和推广信息广播能够为乘客需求提供更好的帮助和遏制乘客乘车时的非正常行为。每种广播在每种状况的广播用语详见表8-2所示。

广播类型及广播词用语 表8-2

广播类型		广播词用语
常规广播	离开广播	"列车前方到站是××站,下车的乘客请提前做好准备"。如为换乘站则为:"列车前方到站××站,××站是换乘站,下车后请乘客按标识牌的提示换乘到×号线地铁,去往沿途各站。谢谢!"
	到达广播	"××站到了。"
特殊广播	运营延误	"乘客请注意,本次列车的运营将稍微延迟。敬请原谅!"
	列车故障慢行	"各位乘客,因××原因,本次列车将以慢速行驶。敬请原谅!"
	故障延误	"由于设备故障,本次列车的运营将受到延误。敬请原谅!"
	退出服务到站清客	"各位乘客,本次列车将停止运营服务。请您携带好随身物品,在站台等候下次列车。"
	区段运行	"各位乘客,本次列车的终点站是××站。给您的出行带来不便,敬请谅解!"
	紧急停车	"各位乘客,列车现在是紧急停车,请您握紧扶手,防止滑倒、碰伤。谢谢您的配合!"
紧急广播	区间清客	"请注意!列车无法继续运行,请乘客前行到车头方向,按照工作人员的引导去往下一站。请您注意安全,不要拥挤,避免发生损伤。"
	疏散乘客(区间)	"请注意!因发生紧急情况,请乘客前往就近的驾驶室按指示标志放下紧急踏板离开列车。请您注意安全,不要拥挤,避免发生损伤。"
	紧急撤离(列车在站台)	"请注意!因发生紧急情况,请乘客立即离开车厢。请您注意安全,不要拥挤,避免发生损伤。"
人工广播	乘客报警	"乘客请注意!现在列车×号车厢上有乘客需要协助,前方站的工作人员已收到通知并准备好提供协助。列车到站之前,请附近的乘客帮忙照顾,谢谢配合!"
	列车通过	"本次列车将在××站通过不停车,去往××站的乘客请在站台等候后续列车。由此给您带来的不便,敬请谅解!"
	车门故障	"乘客请注意!现在列车×号车厢的×号车门不能开启,下车的乘客请从其他车门下车,由此带来的不便,请您谅解!"
	封站	"各位乘客请注意!奉上级指示,现在×线××站至××站列车的运营服务将暂停。去往受影响车站的乘客,请按照指示标志在(+位置)转乘××公司提供的免费接驳专车。给您带来的不便,敬请谅解!"
列车服务广播		"列车关门时,请不要靠近车门。" "请小心列车与站台之间的空隙。" "请紧握扶手,谢谢配合!" "列车运行中,请不要倚靠车门,谢谢配合!"

159

续上表

广播类型	广播词用语
推广信息广播	"乘客您好！乘车时，请不要倚靠或手扶车门，以免发生危险。" "各位乘客，乘车时请先下后上，有序乘车。" "乘客您好！乘车时请将座位让给有需要的人士，谢谢配合！" "各位乘客请注意！地铁车厢内严禁饮食、吸烟、乱扔杂物，共同协助保持好车厢环境，谢谢配合！" "各位乘客，乘车时请不要携带易燃、易爆等各种危险品进站乘车，谢谢配合！"

任务二　乘客信息系统

预习知识：城市轨道交通正在从"以车辆为中心"的运营模式发展为"以乘客服务为中心"的运营模式。城市轨道交通十分重视乘客信息系统，尤其是乘客导乘信息系统（PIS）的建设。特别是2003年韩国大邱市轨道交通发生的火灾惨剧震惊世界，因此与乘客息息相关的乘客信息系统被摆到了重要的位置。

乘客信息系统指的是城市轨道交通采用成熟、可靠的网络技术和多媒体传输、显示技术，在指定的时间将指定的信息显示给指定的人群的系统。

乘客信息系统在正常情况下，可提供列车时间信息、政府公告、出行参考、广告等实时多媒体信息；在火灾与阻塞、恐怖袭击等非正常情况下，提供动态紧急疏散指示。PIS为乘客提供了上述各类信息，使乘客安全、高效地乘坐城市轨道交通，也使城市轨道交通高效、安全的运营。

一、乘客信息系统的构成

乘客信息系统的设置，是为了方便乘客的候车、乘车，让乘客通过显示屏及时了解列车的运行状态及注意事项，从容候车和上车。乘客信息显示屏，如图8-3、图8-4所示。

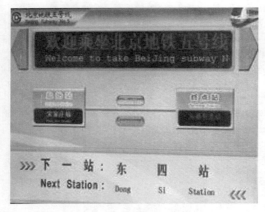

图8-3　北京地铁5号线乘客信息显示屏

图8-4　深圳地铁乘客信息显示屏

乘客信息系统是依托多媒体网络技术,以计算机系统为核心,通过车站和车载显示终端向旅客提供信息服务的系统。乘客信息系统在正常情况下,提供乘车须知、服务时间、列车到发时间、列车时刻表、管理者公告、政府公告、出行参考、股票信息、媒体新闻、赛事直播、广告等实时动态的多媒体信息;在火灾、阻塞及恐怖袭击等非正常情况下,提供动态紧急疏散提示。车载设备通过接收无线传输的信息经处理后实时在列车车厢 LCD 显示屏进行音视频播放,使旅客通过正确的服务信息引导,安全便捷地享受轨道交通。

二、乘客信息系统结构

旅客信息系统按结构划分为四部分:运营中心子系统、车站子系统、网络子系统和车载子系统。其中网络子系统分为有线网络和无线网络两部分。PIS 系统的结构,如图 8-5 所示。

1. 运营中心子系统

运营中心子系统在整个系统中主要负责外部信息流的采集、播出版式的编辑、视频流的转换、播出控制和对整个系统设备工作状态的监控以及网络的管理。控制中心子系统主要有:中心服务器、中心播出服务器、中心操作员工作站、中心网络管理/系统监控工作站、网络视频、DVB 数字电视设备等。整个控制中心设备构成了一个完整的播出和集中控制系统。同时,控制中心子系统还将提供多种与其他系统的接口。

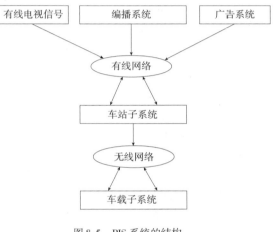

图 8-5 PIS 系统的结构

2. 车站子系统

车站子系统的主要构成为:车站服务器、车站操作员工作站、流解码器、信息播放控制器、分屏器、车站网络系统和现场显示设备等。车站子系统通过传输通道转播来自控制中心的实时信息,并在其基础上叠加本站的信息,如列车运行信息、公告信息和各类个性化信息等。

3. 网络子系统

网络子系统是基于通信系统的传输网实现具体功能的。通过在骨干传输网上组建一个典型的 IP 网络来传输从控制中心到各车站的各种数据信号和控制信号。

4. 车载子系统

传统的旅客信息系统只有车站的信息向导,无全网概念,系统功能较弱;随着无线传输的成熟,很多城市的轨道交通旅客信息系统设置了车载的旅客信息系统。中心子系统与各车站子系统通过传输系统相连,车载子系统与各车站子系统通过无线网络相连,接收相关的信息并在列车的显示屏上显示。车载信息显示系统的建设是为了更好地提高对乘客的服务质量,通过此系统,中心能快捷、方便地将一些热点新闻、资讯信息、交通状况、体育赛事、天气预报、时政要闻、股票、广告和公告等信息,通过视频、音频或文字的方式传播到车上,供乘客知晓和各取所需地加以利用。车载子系统最核心的问题是无线传输,目前用于车地通信的无线网络有无线局域网(WANL)、WINMAX、数字电视地面广播、地铁专用无线通信(数字集群 TETRA)。采用 TETRA 提供的传输通道不需另建无线网络,但采用此方式时,传输带宽较低,车地间信息传输内容和类型有局限性,目前通常采用 WANL 方式。

三、乘客信息系统的功能

乘客信息系统的主要目的是通过控制中心对通道子系统的控制,在指定的时间,将指定的信息显示给旅客。其功能如下:

(1)系统具备紧急疏散程序。当事故发生时,操作员通过操作工作站的操控紧急程序,将指定的信息显示给旅客。

(2)多媒体动态广告、静态广告、网络广告等多种广告相结合的方式,为地铁带来更多广告收入。同时为广告业主提供多种广告形式。

(3)实时信息显示。播放实时视频信号(如电视台模拟或数字节目)及其他监控视频信号,在所有 PDL 及 LED 全彩屏上显示。实时信息能够通过控制中心操控包括周时间表、日时间表、节日时间表、季度时间表等。每个显示终端将根据控制中心发过来的时间表以及相关文件,根据预先编辑设定的时间表自动播放多种文件格式、日常信息,包括广告信息、定时的欢迎信息、紧急信息等。

(4)多语言支持。地铁常有来自不同国家、不同民族的旅客,因此要求旅客信息系统在旅客资讯这方面有多语言版本。可以播放预定义的简体中文、繁体中文以及英文信息;紧急信息可以优先覆盖预定义的播放信息;紧急信息可以手动清除。

(5)网络传输。基于 TCP/IP 通信网络,无论是在网络设计还是系统设计方面要充分考虑到系统将来的扩展性。例如:控制器与 PDP 的接口方面尽量采用通用接口,尽量采用软件解决办法去解决分辨率、压缩、解压等问题。

(6)显示系统可与系统时钟同步(针对所有终端)。在没有时钟的地方,显示屏幕提供显时服务,时钟的显示可以是数字显示或模拟时钟方式。

(7)多媒体显示控制软件支持显示屏幕多区域分割功能(包括 PDP 及全彩屏)。视频显示支持多样的播出功能:同屏幕显示多个子窗口,各个子窗口可支持不同的播出方式,信息播出版面效果根据需要随时更新,针对所有 PDP 及全彩屏。

四、乘客信息系统的显示优先级

乘客信息系统主要是确保旅客安全到达目的地,在此基础上给旅客提供更多的信息和商业广告等,因此在旅客信息系统中必须考虑信息显示的优先级。高优先级的先显示,相同优先级的按先后顺序显示。

紧急灾难信息的优先级最高,然后依次是列车服务信息、旅客导向信息、站务信息、公共信息和商业信息。

高优先级的信息可中断低优先级信息的播出,低优先级的信息不能中断高优先级信息的播出。当高优先级信息被触发时,低优先级信息被中断停止播出,如果发生紧急情况,自动进入紧急信息播出状态,其他信息播放终止,系统以醒目的方式提示乘客紧急疏散,直到警告解除。相同优先级的信息按信息出发的先后顺序播放。

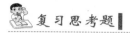 复习思考题

  1. 简述广播系统的控制及广播优先级。
  2. 假设一列车由于前方线路事故导致被迫停车等待,你作为一名车站工作人员应该如何进行广播通知?
  3. 简述乘客信息系统各部分的功能。
  4. 乘客信息显示的优先级是如何安排的?

参 考 文 献

［1］ 中华人民共和国国家标准. GB 50157—2013 地铁设计规范［S］. 北京：中国计划出版社，2014.

［2］ 仇海兵，汪成林. 城市轨道交通车站设备［M］. 北京：人民交通出版社，2011.

［3］ 人力资源和社会保障部教材办公室，广州市地下铁道总公司. 机电设备检修工（车站设备监控系统检修）［M］. 北京：中国劳动社会保障出版社，2012.

［4］ 人力资源和社会保障部教材办公室，广州市地下铁道总公司. 机电设备检修工（屏蔽门系统检修）［M］. 北京：中国劳动社会保障出版社，2012.

［5］ 人力资源和社会保障部教材办公室，广州市地下铁道总公司. 机电设备检修工（电梯系统检修）［M］. 北京：中国劳动社会保障出版社，2012.

［6］ 人力资源和社会保障部教材办公室，广州市地下铁道总公司. 机电设备检修工（给排水系统检修）［M］. 北京：中国劳动社会保障出版社，2012.